法律做後盾

從法律書學不到的制勝法則

6大類別、70則現代人必備的法律知識，
教你練好權益攻防基本功，輕鬆自保與制勝。

施茂林 著

聯名推薦

謝文田
律師公會全國聯合會理事長

　　現代國民不能不懂法律，但法律多如牛毛，深奧艱澀，令人望而生畏。本書是法務部部長施茂林近兩年來在《經濟日報》的專欄文章結集。全書共分六大部分：生活法律、商業經營、司法實務、訴訟技巧、司法政風、監所新風貌等，深入淺出，提供了平常法律書看不到的法理人情與制勝訣竅，十分符合國民知法、守法、用法的需要與期待。值得讀者細讀。

　　施部長法學淵源、文筆暢達，所舉事例引人入勝，篇篇精采，可以做為法律入門書，也可當做居家生活導引。本人為執業律師，閱讀後亦感興味盎然，深受啟迪。

　　相信本書定能嘉惠不同領域的讀者，提升全民法學知識，故樂予極力推薦。

林敏弘
會計師公會全國聯合會理事長

施部長的專欄內容，是站在執法者的角度介紹法律，給一般民眾參考，範圍很廣泛，點點滴滴，道出一般人不了解的司法實務。像很多人犯罪，但不知自己犯了罪，這種例子很多。多看這本專欄結集書，就能及早提醒自己。

我幾乎每週都看這個專欄，收穫很多，比如：存證信函應該怎麼回覆，才不會愈描愈黑；有些機密不能講，所以談到客戶的事，不方便指名道姓；欠債和詐欺不同，一個是跳票，一個是明知會跳票還故犯；違反善良風俗的契約不算數，但我跟很多人一樣，曾與資方簽過三年內不能離職的「賣身契」。

最近，有些案子，讓我心有所感，覺得專業人士的法律常識有所欠缺，像會計師因為弊案遭到收押，理由是串證和湮滅證據。因為他們不了解，檢調偵查中的對象如果事先私下串通說法，以及將違法事證整理、修改工作底稿，在司法人員眼中，就有可能是串證，或是湮滅證據。

　　施部長的長期專欄，提供專業人士一個細水長流的法律養成教育，從各角度剖析司法，而且很實務。這不是光修幾個法律學分、上幾小時的法律課程、讀一堆法條就可以得到的收穫。法條枯燥無味，但這些專欄文章，卻非常易讀。所以，我也鼓勵會計師公會的會員多看施部長的專欄。

柴松林
《人間福報》社長

　　法學基礎是提升個人和企業即戰力的最佳知識武器；拒當冤大頭，就從補充法律常識開始做起。本書以實際案例說明一般人常遇到的法律問題與解決之道，內容淺顯易懂，並附有重要參考條文，是一般人培養法學常識最佳的入門讀本，也是法律科系師生提升法律知識的進修教材、司法人員精進執法技巧的絕佳指南。

自序 法律可以很簡單！

　　德國法哲學家康德（Immanuel Kant）曾經說過：「無民主的法治是空的，無法治的民主是瞎的。」（Law without democracy is empty, democracy without law is blind.）說明了民主與法治有著密不可分的關係，而健全民主法治的發展，有賴法律發揮其應有功能，方克奏效。

　　近年來，由於國內外形勢轉變快速，國內經濟環境、社會習俗、國民性格均已改變，人民的道德觀念、社會價值觀及文化傳統也都和以往不同，導致社會上產生不同的價值判斷標準。尤其在以利掛帥的社會，反而彰顯了法律的重要性，因為幾乎與民生相關的種種行為，都與法律有關。

　　民眾對於日常生活行為與法律的關聯性，必須有正面的認識。如果想要避免遭受不肖分子詐財利用或欺負、了解應盡的義務、保護自己的權利，進而從事商業活動、理財致富，都必須知法懂法，以做為自己的護身符，法律的重要性可見一斑。

　　然而，法令規章多如牛毛，枯燥又乏味，就連學法的人都未必能了解活用，一般人更是望而生畏，很少有機會接受法律教育，對法律茫然不解，甚至誤觸法網而不自知。

法學教育不夠普及

　　記得小時候看到鄰居於春節期間，常為長孫是否可多分一份遺產而爭吵不休，又有村人利用公有閒置土地耕種了十多年，最後被控竊占罪判刑，以及發生水災沖壞橋面護欄，有人騎鐵馬經過掉落摔死，但公家卻無需負責等情形，至今仍印象深刻。

　　等到進入小學，開始接觸法律知識，覺得法律規定很有趣，但是經常在背誦一些法條內容或數字，例如：國民大會、立法委員、地方議會有多少名額；人口多少可選出一名代表、任期多久；開會時，要多少比率才通過，權利義務的範圍是什麼等。

　　這些都讓人覺得法律跟我們的生活沒有關聯，條文的規定只是參加考試的工具，一般人無法理解如何活用法律，以解決生活上的問題，往往依習慣或腦海裡似是而非的觀念來處理。凡此種種，造成法律與一般人認知不同。

　　大學畢業後，擔任檢察官、法官職務，於偵辦、審理案件時，也常看到一般人因不懂法律而吃上官司、權利受損卻不會要求賠償或求償不易等情形。因為大家無法運用法令來保護自

己的權利，以致失財失利，心生不滿，惡性循環的結果，對於
政府各機關威信，也會造成深遠危害。

讓法律更貼近人性

有鑑於此，在擔任司法官期間，我就經常到社區、社團或
學校，以法律相關議題發表演講，讓一般人了解法律的可親近
性。後來，在擔任法務部保護司司長期間，積極投入法治教
育，因為保護司的業務之一，就是推廣法治教育、辦理法律宣
導業務。2005年2月1日，任職法務部部長以來，更將法治教
育、法令宣導列為法務部重要施政項目之一，除請各業務單位
製作法令文宣，將宣導短文刊登在各相關公用刊物及登載在法
務部全球資訊網之「法律常識」及「法律解析及案例」專區
外，並常思索如何將枯燥艱澀的法條化為活潑易懂的文字，以
及如何讓法律更貼近人民的生活，進而讓人民排除心理障礙，
親近學習法律。

人生百態，是大家共同的認識，社會事務千奇百怪，大家
更是見怪不怪。我長年投身司法工作，經常應邀撰寫文章及演
講，並在法庭上施以機會教育，在我處理或接觸的個案中，體
會更深，可以說「天下只有你想不到的事，沒有不可能不會發
生的事」。

由於我除了法律專業之外，對於經濟、企管知識亦頗多涉
獵，《經濟日報》編輯部情商我針對時事，配合法學，將民眾

日常生活相關之法律常識，做簡要明白說明，並引用生動活潑的案例，做廣泛而全盤的介紹，達到通俗化要求，遂促成「每週一講」的合作方式，自2005年9月至2007年4月，共談了70多個主題。

在這些採訪中，將我歷年來所碰到的個案或事例重新從腦海深處一一搜尋出來，在不同主題中，分別傳達不可不知且切身相關的法律知識，例如：〈買賣仿品，不能不知者無罪〉、〈詐騙集團利用人性貪念〉、〈火星文簽名也算數〉、〈情人節吃出離婚官司〉、〈隨便罵人代價高〉等等。

活用法律，保障權益

相信讀者可以從中了解現在社會上的民生經濟活動，可以明白商業經營的陷阱，以及最新司法實務，讀者也可以體認，法律並不是單調乏味的文字堆砌，而是與人民的生活緊密結合在一起。若說這是一本活生生的「浮世繪」或「社會事務百科物語」，一點也不為過。

自從「施部長講法」專欄推出以來，頗獲好評，民眾紛紛向法務部反映談論主題新鮮有趣，篇篇內容讀起來輕鬆又實用，能結合時事與民生問題，以深入淺出方式解析法律與生活上可能發生的各項議題，常常意猶未盡而期盼下次專欄出刊，並建議能結集成冊，以便翻閱，加深法學知識，乃萌生本書之出版。

　　期盼讀者透過輕鬆閱讀的方式認識法律，在喜悅學習下能活用法律，拓展法律視野，保障個人權益，減少無謂之損失與紛爭，進而建構全民法治化之祥和社會。本書在編錄期間，難免會有疏漏，希望讀者不吝指正，併此致謝。

導讀 化繁爲簡，
練好權益攻防基本功！

　　本書收錄的文章大都以案例方式說明，依各章主題，進而將衍生的法律現象逐一納入，並說明相關的法律問題、法律效果及法律責任，文末更附註相關的法律條文，讓讀者有簡明清晰的法律圖像。

全面思考可能衍生的法律問題

　　各章所設定的主題，範圍涵蓋民法、刑法、行政法及一般法律概念。由於每一法律問題可能衍生的法律效果及法律責任，包含甚廣，可能牽涉民法、刑法及行政法規，因此，閱讀本書時，不能受限於標題名稱，而應深入了解文內所列舉的各種相關案例，才能全盤了解相關的各種法律關係。

　　以〈查漏稅，抓到頭就抓一串〉一文爲例，就分別提到

「人頭」、「犯罪」等刑事責任之追訴;「欠稅罰款」之行政責任,以及「拒繳欠稅罰款」將面臨行政執行處之強制執行等問題。文末附註更引述相關之法律條文,讀者可進一步查詢條文內容。

而〈公文書沒收到就不算〉一文,更分別從刑事訴訟法、民事訴訟法、行政訴訟法、行政程序法、民法、提存法、軍事審判法、稅捐稽徵法、少年事件處理法、兵役法施行法等角度切入,讓讀者全面了解與文書送達有關的一般法律概念。

思慮不周,小心權益受損

本書以相當淺顯的口語化文字細說法律關係,即使不諳法律的人亦能了解,避免誤觸法網;而從事法律工作者,更可以從相關案例和文末所附條文中(另請參閱法務部全球資訊網 www.moj.gov.tw 之「全國法規資料庫」,網址 law.moj.gov.tw,以取得更詳盡之法規資訊),廣泛並深入研析相關的各種法律關係,以宏觀的角度全面思考可能衍生的法律問題,避免掛一漏萬,損害當事人權益。

〈防範產業間諜五部曲〉一文指出,企業面臨產業間諜時可以營業祕密法、公平交易法、刑法等規範要求保護及賠償,更強調高明的律師會要求「禁止出口」,以爭取時效避免損失。由此可見法律工作者思慮不周時,即可能讓當事人的權益受損。

　　法律問題錯綜複雜，所可能衍生之相關問題更是盤根錯節，本書嘗試以單一法律現象為中心，並從宏觀、全面的角度解析各種相關的法律關係，化繁為簡，透過脈絡說明簡要概念與架構，希望對讀者能有所助益。

法律做後盾

目錄

第一部　生活法律

第二部　商業經營

法律做後盾

目錄

第三部　司法實務

法律做後盾

目錄

第一部

生活法律

1 火星文簽名也算數

年輕人的流行用語「火星文」，像是「orz」或「囧rz」等符號，其實套在法律上有其用意。因為民法規定，符號可以代替簽名，所以「火星文」是可以代替簽名的，想不到吧？

有地主把農地賣給某建商，由於當時房地產不景氣，房子還沒蓋，建商就出國了，幾年後回來卻發現有第三人在用那塊地，建商拿出之前的買賣契約跟地主理論，但地主說文件上沒有他的簽名，否認曾經賣地給這個建商。

其實，這個買賣契約，除建商和中介人（代書）的簽名，只有一個地主所畫的星星形狀的符號，即使能證明那個星形符號是地主所簽，但照民法規定，以符號或指紋代替簽名，必須有兩個以上的證人簽名才算數。

不妨想像一下，如果有一個人用符號代替簽名，必須找兩個人簽名作證，若另兩個人又用符號代替簽名，又要再找兩個人簽名為證，這樣下去豈不滿篇符號？當然，這是個誇張的例子，實際上也從未遇過類似的情況。

簽名與蓋章各有不同問題

相對於簽名，大家對指紋較「迷信」，因為天底下找不到兩個相同的指紋。但法律對指紋的使用有限制，像本票、匯票或支票就不能用指紋代替簽名。

過去有個老先生搭計程車，司機見他老實樣，開口要求借錢，並提議用支票，司機在支票上蓋指紋，還說這樣比較有誠意。後來，司機不還錢，老先生告到法院，結果判定這張支票無效。法律上也常見當事人否認指紋是他本人的，一般都是請調查局、警政和憲兵單位鑑定，但得到的公文回覆，幾乎都是這麼寫的：「送請鑑定之文件，只見紅泥（或藍泥）一團，歉難鑑定。」

多數人按捺指紋的方式都不正確，要不是大力一壓，就是重複按壓，把指紋都破壞了。正確的按指紋方式是從左到右（或從右到左）輕輕按下即可。很多人打官司都是敗在指紋上，所以不能過度「迷信」指紋的「魔力」。

印章則是工商活動中經常使用的物品，但有很多人不知道使用它可能產生的問題。某甲跟對方簽約，手上拿的是新的象牙印章，但事後毀約，進入訴訟程序，才知道某甲在當天已經藉機把那顆印章踢到水溝裡，由於找不到第二顆相同的印章，對方掌握證據不足，敗訴收場。

不過，鄉下人常拿身分證和印章請人代領農會肥料，如果有人惡意拿去做連帶保證，外界仍可以認為你有「表見代理」，仍要對結果負責。

　　接受別人的簽名時也要小心。我曾經遇到一個案例，某人有次簽名和以往不太相同，鑑定結果居然是：「這是不同兩個人的簽名」。所以，遇到寫字工整的人突然簽「草書」，或者習慣「鬼畫符」的人突然寫字方正，就要注意了。

　　預防之道是不要給別人太多時間簽名，以免有心人搞鬼。一旦對方寫字很慢，就要提高警覺。類似案件多不勝數。

　　簽名和蓋章各有不同問題，可視需要及對方特性來處理，態度要審慎。我建議民眾，不妨以「朱蓋墨」的方式，簽名和蓋章並用，不但對各種票據有效，也能防止他人篡改，若有第三人簽名作證，那是最保險不過了。

法律簡單講

1. 民法第3條（文字使用準則）
2. 民法第758條（物權登記生效要件）
3. 電子簽章法第9條（電子簽章之要件）
4. 票據法第6條（票據簽名之方式）
5. 票據法第11條（票據欠缺應記載事項之效力）
6. 票據法第24條（匯票之記載事項）
7. 票據法第120條（本票之記載事項）
8. 票據法第125條（支票之記載事項）
9. 民法第169條（表見代理）

2 投資理財，
照子要放亮

　　處在工商社會，大眾常可以接收到各種投資理財訊息，暫且不談是否可以獲利，起碼投資人要注意法律相關事項，以免沒賺到錢，就先賠上一屁股責任。

明股暗股，各有利弊

　　比如民間常有合資買賣土地或開店、包工程的機會，這就會涉及「明股」和「暗股」。通常，嫌麻煩的人會用暗股，成為「隱名合夥人」，行事不能光明正大，必須把財產移轉給明股，即「出名營業人」，但如果對方心存不良，捲款潛逃，要控告他詐欺都很難，只能根據民法提出請求，如果對方還是「皮皮的」，也拿他沒輒。

　　如果你用暗股，但怕對方舞弊，心有不甘要「強出頭」，也跑出來參與經營合夥事務，那麼依法就必須跟「出名營業人」負起同樣的責任，而且是連帶無限責任。

　　明股在法律上稱為「合夥」。合「夥」者，說文解字的話，是合起來「果」實很「多」，卻也可能是後「果」很「多」。尤其是公司經營不善的話，更是苦果纍纍。以前有一個老師，與人合資開大賣場，但沒有參與經營，後來合夥人捲款潛逃，因必須負連帶責任，不但因此賠光退休金，還負債一大筆。

　　如果跟人合夥做生意，想中途抽身，收回自己的投資老本，依法還是要對退夥之前合夥的狀況負責，如果要償還債務，還是有你的份兒。

技術入股，小心變質

　　高科技業常見的「技術股」在法律上有哪些問題？這裡的技術，指的是像採礦、土木工程或光電的技術，以及管理上的專長等。曾有一例，有公司邀某甲入股，聲稱某甲的技術值上百萬元，但後來，公司發生虧損，債權人指某甲當初入股沒有出錢，要求他拿出「出資額」，某甲只得乖乖拿錢出來。

　　這類的技術股問題，由於未實際繳納出資額，還可能涉及公司法，與公司負責人變成共犯，必須注意。解決之道很簡單，可以要求邀你入股的公司「拿錢來」，先買下你的技術，你再拿這筆錢出資，這對自己、對公司或對未來的債權人都是好事，以後公司要是出狀況，才不會賠上你的錢。

　　「乾股」的道理亦同，如果出事也會馬上變成「溼股」。

併購公司，風險不小

再來談公司併購。如果某甲看好某間科技公司的發展潛力，該公司也有意轉讓，甲從管理學的角度，認為買下公司，人才跟著來，公司也立刻運轉，「錢途」可期。但別高興得太早。

從法律人角度，這樣做法有危險性。萬一這家公司資訊不透明，有虧損或隱藏性負債，買下公司者就必須概括承受，到頭來，所付出的成本跟預期會產生很大的落差。我就看過很多例子，譬如本來用1億8,000萬買公司，結果衍生而來的貨款、債務，平白還要多付將近2億元。

我也辦過一案，是某人承受一家水電行後，工人和上游廠商都上門討債，害他平白要多付200多萬，火大之下就把原水電行老闆帶到山上去痛打一頓，要求他也要幫忙還錢。案子在審理時，被告問我，以後遇到這種情況該怎麼辦，才不會讓他「後悔兩次」？我說，其實只要買水電行的財產就好。

「買公司的財產」比「買公司」危險性低，公司某些財產、資產盤算有利可圖時，單就那些項目出價購買就好，便不會衍生意外法律責任。縱然這樣加起來的買價不會比買下整個公司便宜，但後續會比較安心。

法律簡單講

1. 民法第305條（併存的債務承擔──概括承受）

2. 民法第700條（隱名合夥）

3. 民法第667條（合夥之意義及合夥人之出資）

4. 民法第681條（合夥人補充連帶責任）

5. 民法第685條（合夥人股份之扣押及其效力）

6. 公司法第3條（公司之住所）

7. 公司法第43條（股東出資之種類）

8. 公司法第115條（兩合公司準用無限公司之規定）

9. 公司法第100條（出資之履行）

10. 公司法第131條（發起設立及選任董監）

11. 公司法第9條（不實登記之撤銷與處罰）

12. 公司法第75條（權利義務之概括承受）

13. 公司法第113條（無限公司規定之準用）

14. 公司法第319條（無限公司合併規定之準用）

15. 中華民國刑法第30條（幫助犯及其處罰）

3 重專業輕法律，
小心吃官司

　　從事司法工作以來，發現專業性愈高的工作者，法律概念未必會跟著「升級」。因為他們可能以為只要顧好專業，就不會發生法律問題。其實不然！

　　我辦過一個案子，被告是個很有名氣的設計師甲，因為模仿另一個默默無名的設計師乙的設計圖樣，而被告上法院。甲在庭上卻說，他的名氣較大，模仿乙的東西反而能讓乙更出名。由此可知，在甲的腦袋裡根本不存在著作權這回事。

　　也有醫師為病患著想，引進新藥給病患使用，病患高興，廠商更高興，就給醫師金錢上的回饋，醫師自然也高興，皆大歡喜。但這種事如果發生在公立醫院，可能牽涉貪瀆。

　　我就曾看過某公立醫院的院長上任之後，在他的「妙手」下，醫院的生意起死回生，和醫院合作的儀器商和藥商賺到錢，都私下給院長回饋，沒想到院長本人也不諱言，他手上價值10多萬的金筆和每天代步的百萬高級名車，全是廠商的「心意」，後來落得被收押起訴的下場。

忽略法律，問題跟著來

過去發生過不少人體試驗因未經核准而被衛生署處分的例子，當事人都自認有專業上的突破，逕行人體試驗，卻不顧法律層面。幫不孕夫妻做試管嬰兒，也可能面臨法律風險，因為今天「做」出來的小孩如果有身體缺陷，小孩的父母要求「退貨」，醫師又該怎麼辦？這都是值得嚴肅思考的問題。

也有學校教授向公家單位申請上百萬的經費補助，交出研究報告之後，結果發現報銷過程出問題，包括教授在國外的太太、他的學生都是人頭，還查出有親友提供與研究不相干的發票證明，後來被以詐欺提起公訴。從他的辯解，明顯可知道在這名教授的觀念裡，專業第一，法律根本不重要。

近年也發生很多電腦工程師，利用其專業，違法在別人的網站上散布或竊取資料，對法網絲毫不以為意。

更多「專業擺中間，法律放兩邊」的案例發生在工程案。施工的過程中，難免有突發狀況或現場障礙，現場人員可能被迫採取變通方案，改變原來契約所訂的內容。問題是，自行決定未報請長官同意，以致被以圖利罪起訴。工程人員自覺很委屈，因為他們是依專業上的判斷，認為某些轉折處必須有所處理。只是忽略法律程序，問題也跟著來。

再者，像水土保持規範，牽涉到很多土木專業技術，本來為免外界干擾，訂約時會把規範內容訂得很「緊」，毫無彈性，但碰上外界（如民意代表）壓力，執行者又做出明顯的調整，就違背了規範。訂規範的人沒有想到自己的一番好意，可

能會害執行者墜入圖利罪的深淵。

　　規範訂得很「鬆」，怕有外界施壓；訂很嚴，又不保證能徹底執行，真是兩難。不過，可以想見的是，規範愈嚴，執法者手上拿的石頭就愈大愈重，砸到腳也就愈痛。

　　很多人知道，日常生活有很多地方會有法律適用問題，職場上當然也不能不注意法律規範；而在專業領域更要懂得法律關係，不但能減少麻煩，也能進一步為專業「加值」。企業主若能幫助有專才的同仁增加法律認知，必能提升公司的經營績效。

法律簡單講

1. 著作權法第1條（立法目的）
2. 著作權法第3條（用詞定義）
3. 貪污治罪條例第5條（罰則）
4. 貪污治罪條例第6條（罰則）
5. 中華民國刑法第10條（用詞定義）
6. 醫療法第78條（實施人體試驗之醫院）
7. 醫療法第105條（罰則）
8. 醫療法第107條（罰則）
9. 中華民國刑法第358條（入侵電腦之處罰）
10. 中華民國刑法第359條（取得、刪除或變更電磁紀錄致生損害之處罰）
11. 中華民國刑法第360條（干擾他人電腦致生損害之處罰）

4 簽保證書不一定掛保證

學生上課搗蛋，老師要求他寫悔過書：「學生某某某保證不再犯錯。」先生打太太，為求太太原諒，決定簽下切結書：「絕不再動手打老婆！」仿冒別家公司產品的廠商，避免被告上法庭，也跟對方弄一份「保證不再仿冒」的保證書。

小至夫妻吵架、鄰里衝突，大到商業糾紛，常見有人簽同意書、切結書等，但它的約束力很小，要不要履行，完全取決於當事人，所以寫了也是白寫，常讓對方氣結，就連和解書也是一樣。

手術同意書，醫師護身符？

我辦過很多相關案例，看了就想笑。例如，醫師動手術前，一般都會請病人家屬簽手術同意書，但醫師誤把手術同意書當成護身符，以為有了它，就可以高枕無憂幫病人開刀，事實果真如此嗎？

　　病人家屬這邊，看到手術同意書上面「如有意外，與本醫師無涉」之類的聲明文字，心裡感到不吉利，且覺得一旦簽名似乎就任人宰割，就不太甘願簽字，而醫師看到病人家屬不簽名，也怕會有麻煩，而不想進手術房。

　　醫、病雙方都誤解手術同意書的功能。它僅在預防病人接受手術後不繳手術費用，以及避免一些不必要的麻煩。如果手術沒出意外，根本不必在乎那些聲明；就算萬一發生事情，家屬還是照樣可以告醫師，檢方也會追究責任。

加制裁條款，違約可索賠

　　所以，不能只看文書表面形式，以為切結書或保證書就能切結或保證什麼。但可以教大家一招：最後加上「制裁」條款，如「以後再打老婆，一拳罰2萬。」這樣在法律上就會產生效果，以後再發生違約行為，就可以依約索賠。

　　公家機關也常要求民眾簽認諾書或切結書，「如有不實，願負法律責任。」或像共有人有優先承買權利時，必須「保證已經通知共有人，否則……」。但坦白講，公家機關可能要檢討，因為這些認諾書的法律效果有待加強。

　　有人誤會文書的功能，有人則是誤會文書的內容，或者寫了「空」的文書。我辦過一個案子是告「惡意詐欺」。原告說，被告欠他錢，寫過和解書，表示「有錢一定先還」，但過兩年仍不還錢。被告卻說，他現在沒錢。我聽兩造說來辯去，啼笑皆非。

我不能憑他們各自「感覺」對方有錢或自己沒錢來下判斷，所以要求原告必須證明被告有錢可以還。結果是，原告仍沒辦法討回他要的錢。

另有一例，某甲跟某乙借錢，某乙不肯借，除非某甲的哥哥來當保證人才借。某甲的哥哥很吝嗇，卻答應這件事，某乙於是安心的借錢給某甲。那個哥哥在借據上寫的幾個字是：「本人保證催促弟弟優先清償借款。」後來，錢沒還，某乙去告某甲的哥哥，但哥哥說他保證「催促」，但不保證「還錢」。某乙落得一場空。

以前有人發明一項電子產品，朋友都認為那產品有錢景，所以跟廠商談妥，不賣斷而採取抽成，要求的權利金很高。結果，廠商不斷生產、銷售，但發明人一毛錢也沒賺到。才發現，這廠商的腦袋也不是省油的燈，他把產品「租」出去而不是「賣」出去。

文書是溝通或交易的工具，但無論形式、功能和內容，都疏忽不得，一定要謹慎推敲。如有疑慮，不妨請教法律專業人員。

法律簡單講

1. 民法第739條（保證之定義）
2. 土地法第34條之1（共有不動產之處分）

5 當人頭戶，
一個頭兩個大

　　人頭電話和人頭帳戶是行使詐騙的重要工具，但很多人不知其嚴重性，因為貪圖小利，把自己的私密資料，如帳戶或電話號碼統統出賣給詐騙集團，害人又害己。

　　先舉兩個例子為證：有個婦人把她一雙兒女，以及兒女的先生、太太和男女朋友，加上她自己，總共九個帳戶，以每個帳戶3,000元賣給別人，收入2.7萬元。後來，害得兒女變成被告，必須上法庭，自責得吃安眠藥想了斷，所幸被救活。

　　又有個青年佯稱要抽上櫃公司的股票，跟兄弟姊妹要來證件和印章，還請父親出面說服鄰居當人頭，每份資料賣3,200元，12份共得38,400元。但詐騙集團共騙得被害人高達1,400萬元，法官認定青年是幫助犯，判他一年四個月。

遭緩起訴處分，不當利得全「吐」出

　　很多人頭帳戶和人頭電話的被告最後都以緩起訴處分，但

緩起訴處分金少說也要3萬到5萬元不等，等於被告要把當初賣人頭戶的所得，全部「吐」回來。如果被告是知情參與，則會被視為共同正犯，與詐騙人的罪責相當。

第二種人頭戶發生在八大行業，尤其是電子遊樂場。2006年6月，台中地區查獲一家非法電玩店，赫然發現，從2004年起，短短一年半內，遍及台中縣市十多個鄉鎮共40多家電玩店，居然共用一個人頭戶。這個「一犯再犯」的人頭落網後，說他當人頭戶的數量多到記不清，抱怨要天天上法庭，真是悔不當初。最後依「電子遊戲場業管理條例」判處有罪。

如果是當公司負責人這種人頭戶，還有一個麻煩的後遺症，就是欠稅，最後一定會移送強制執行或限制出境。

第三種是人頭老公，例如從東南亞或其他國家來的女子到台灣假結婚、真賣淫，她們在台灣嫁的就是人頭老公。如果女子是個大陸新娘，還可能違反「兩岸人民關係條例」，有非法入境之虞。此外，賣淫是妨害風化罪，而假結婚使公務員登載不實，也涉及偽造文書。

以前，檢察機關或海巡單位只會追究人蛇的責任，現在也會把被利用的人頭老公納入名單，包括基隆、台北、台中、高雄等地都有人因此被判罪。

相反的，我也曾看過條件不佳的外籍新娘賴著人頭老公不走的案例，以及人頭老公向假新娘伸手要錢，最後找人蛇出面擺平的事情。

非法僱用外勞，小心罰款判刑

第四種是買人頭戶來僱用外勞，多發生在有需求但不符僱用外勞條件的家庭，依就業服務法可處15萬到75萬元，若是五年內再犯，可判三年有期徒刑。所以，有這種「非法」僱用外勞的雙方，應該要特別小心。

其他還有股票交易和虛設行號的人頭戶問題，這兩種狀況跟經濟發展息息相關。虛設行號的人頭戶問題，在〈流浪漢當老闆，小心有詐〉一文中已經談過；股票交易這一塊的人頭戶法律關係，也可以另起一篇，深入著墨。

國內各項申請登記查核機制較不嚴格，造成人頭充斥，助長犯罪。過去刑法因有連續犯規定，一犯再犯的人頭只論以一罪。不過，新刑法已經刪除連續犯規定，2006年7月1日施行後，不再以一罪論，職業人頭不能再肆無忌憚了。

法律簡單講

1. 中華民國刑法第28條（共同正犯）
2. 中華民國刑法第30條（幫助犯及其處罰）
3. 電子遊戲場業管理條例第15條（未辦理營利事業登記不得營業）
4. 電子遊戲場業管理條例第22條（罰則）
5. 所得稅法第112條（逾期繳納之處理及執行）
6. 限制欠稅人或欠稅營利事業負責人出境實施辦法第2條
7. 中華民國刑法第216條（行使偽造變造或登載不實文書罪）
8. 臺灣地區與大陸地區人民關係條例第15條（禁止行為）
9. 臺灣地區與大陸地區人民關係條例第79條（罰則）
10. 就業服務法第57條（僱主行為之限制）

6 隨口聊祕密，
麻煩大了

　　公車上，某個退伍軍人正在大聲吹噓，說他在特殊軍事單位待過，對軍方重大的基地、設備和消息瞭若指掌。聊著聊著，不知不覺中，他已經洩露國防機密。事涉刑法，剛好有個憲兵也在公車上，後來就請他一起下車。

　　保密防諜的觀念，隨著時空轉變，其實已經逐漸式微。但在工商發達的社會，人與人之間的交流頻繁，資訊的傳遞非常活絡，保密問題仍然存在。因為在日常資訊傳遞的過程中，可能傷及他人隱私或祕密事項，如何求取平衡，值得留心。

　　以前在省議會，有一名保管預算的職員，他有朋友在經營文教器材買賣，希望了解各教育系統和學校單位的預算狀況，這個職員就把印有密件的文件交給朋友，後來因為某官商勾結案意外查出這個案外案，職員因此涉訟。

　　有個掌握藥品執照的公務員，有一天，他藥學系的大學同學找他聊天，談到製藥過程中遇到無法突破的瓶頸，後來，他在審照時看到某藥商剛好提出克服那個瓶頸的方法，就很自然

地轉告朋友，結果被檢方以洩密罪起訴。

　　明星整型，都不喜歡公開。某個喜宴場合，有整型科醫師急忙趕到，同桌的人問他遲到的原因，他氣喘吁吁、不假思索地順口就說：「你不知道啦！剛才明星某某某真的很難搞，才害我這麼晚到！」只見全場嘩然。這下子，大家全都知道了，那個明星原來豐胸過。

　　又有一例，某個高工畢業生在機械廠上班，有朋友來上班地點找他時，聽到他談起工廠新開發的母機狀況，朋友覺得很有商機，希望他轉到自己的公司上班，一起開發。結果，這個當事人就照著前公司所學到的知識技能，包括母機的設計圖，轉用於新公司。舊東家最後以「產業間諜」提告。

四種必須保守的祕密

　　從上述種種案例可知，很多人不太注意保守祕密這回事，或者沒有這樣的觀念，等到被控洩密、犯罪，被要求損害賠償時，才發現茲事體大。

　　依現有法令，必須保守的祕密可以分四種：首先是國防、軍事相關祕密，包括圖書、物品和訊息，知情的公務員甚至一般人都負有保密的義務；其次是公務機密，在一般行政、司法、考試機關上班的員工或知情的一般人，也必須保密。

　　第三種是工商祕密，如某個知名可樂大廠牌的配方，或者其他像策略、專利技術、行銷方案、工程圖樣等等，一般工商從業人員、業務員，以及像審查相關執照的公務員等，均有保

守祕密的責任。

最後，是所謂的一般祕密，像醫生、護士、律師、會計師、宗教人士等專業人員和其助理人員，對於他接觸的客戶的身體特徵、病情、與家人相處狀況、精神狀況等和公眾無關的私密細節，最好也守口如瓶。

> ### 法律簡單講
>
> 1. 刑法第109條（洩漏交付國防祕密罪）
> 2. 刑法第132條（洩漏國防以外祕密罪）
> 3. 刑法第316條（洩漏業務上祕密罪）
> 4. 刑法第317條（洩漏業務上知悉工商祕密罪）
> 5. 陸海空軍刑法第20條（洩漏軍事機密罪）

7 聽命藏鏡人，
當心變代罪羔羊

　　黑道老大出事，小弟受罰；地下老闆惹禍，領薪水的人頂罪；這年頭，「藏鏡人」不少。例如地下局長、地下夫人等等，感覺很權威，似乎比檯面上的人物更能發揮影響力，但法律上又難以科以責任，讓無辜的人變代罪羔羊。

　　所以，在實務上幫忙這些地下人物辦事的從業人員要小心。因為像文書製作、撰寫傳票、登載報表、出面洽談業務等，到處都可以留下跡證。

奉令行事，留證據自救

　　實際上，幫高層或老闆從事業務的人員，必須了解過程中可能牽涉的法律規範，以免犯罪或必須賠償別人還不自知，如販售的皮包是否有仿冒品、買賣的影片是否有盜版、生產的機器是否侵犯他廠的專利；或者代操內線交易、從事丙種墊款、推介直銷商品等，這些行為都可能涉及著作權法、證券交易法

或公平交易法。

　　另外，也有公司職員專門負責處理財務，其實是聽命於人，受人指示辦理事情，像調度資金、出納付款、轉投資、出借資金給他人。雖然法律責任較輕，但也要注意避免出現背信或侵占行為。保護自己的措施就是，按上級指令照辦，但不要問東問西，以免知道太多。

　　如果承辦的員工已經了解上級指令，而且發現和董事會決議、公司章程有所悖離，便要特別注意行為有無違反自己在公司受委任的職務。實際案例中曾發現，聰明的員工懂得在公文中特別加註是誰交辦，或由誰規定，以求自保。

協助逃稅，不知者無罪

　　專業的會計人員主要幫公司處理會計事項和報稅事宜，要注意商業會計法的規定，共有五種製造不實會計憑證的不正當行為，涉有刑責，最重可判處五年徒刑。司法上，每次辦工商、金融案件，公司負責人大都會被這一條法令究責，但很多會計師人員不知道法律規定，就會無辜「陪榜」。

　　報稅時也要特別小心。若幫公司逃稅，依稅捐稽徵法最重可處三年徒刑。這一類是司法上常處理的案件，我擔任檢察官、法官時，到學校對商科的學生演講，通常會就此提醒他們相關的法律規定。

　　不過，從業人員也不必太過擔心，因為不知者無罪。一個糊里糊塗被大老闆利用的傻會計，一問三不知，往往也就無從

追究。

　　一般情況下，很多職員處理業務會配合文書處理，各類會計紀錄、早餐會報、內部簽呈、專案文書、設計圖樣、業務報告。這時候要注意一點，即內容實不實在，例如有股東會議紀錄，但實際上卻根本沒開過會。明知不實事項，卻在自己的業務上登載不實，最重可判三年徒刑。

　　有些員工被公司要求當產業間諜，到競爭對手的企業臥底，法律責任更重，不但構成犯罪，也有損害賠償問題，要特別小心。

　　法律規範無所不在，無論任何國家、任何人都受法律約束；身處詭譎多變、爾虞我詐的工商社會，更要有此了解和體認。尤其當老闆說他不是「交辦」或「指示」你，而是「非常信任」你時，千萬別太興奮，而是要提高警覺。

法律簡單講

1. 中華民國刑法第164條（藏匿人犯或使之隱避、頂替罪）
2. 商業會計法第71條（罰則）
3. 稅捐稽徵法第41條（罰則）
4. 稅捐稽徵法第43條（罰則）
5. 中華民國刑法第215條（業務上文書登載不實罪）

8 預防受騙，
大膽懷疑小心求證

「恭禧您中獎了！」這樣的手機簡訊通知五年前就非常盛行，不少人被騙；這幾年，大家對手機、電話詐騙的手法較熟悉，受騙人數也下降。不過，幾十年來詐騙、詐欺手段愈來愈精細，新花招結合老方法，一樣把人騙倒。

騙徒，花招百出

騙徒取信於人的道具，包山包海，例如合照（包括偽造的在內）、獎狀、名片、公文封、印有公司單位名稱的便條紙、報章雜誌的報導、匾額（贈送者和名人同名同姓，但不見職稱）等。

所以，人說「眼見為憑」，那可不一定，還要觀察它的可能性。有人去光華商場買舊資料，直接騙別人說他就是報載中的公司老闆。

日前，有詐騙集團賣芭樂票賺到數十億元。有些人很懂得

工商界的需求，也知道如何取信於工商界人士；既擁有專業知識，又假造證件，像假造存摺、定存單、交易契約、出貨單和結算資料等，來騙取財物。

舉例而言，他可以偽造不實交易往來，把貨賣給自己在各地的分店、據點，感覺像是有出貨，再向不知情的廠商進貨，卻不付錢。1980年代就有不少公司成立沒多久，突然大量進貨，一夕搬光，讓供貨商欲哭無淚。

利用人的無知，詐騙橫行無阻。我在台中地檢署服務時，某天下班時間，有老太太在門口樹下泣訴，說她帶著兒子的交保費3萬元來到法院，後來有人聲稱是法院的職員，可以幫她，就帶她到法院裡面晃了兩圈，卻偷偷從另一扇門溜走，老太太的錢也不翼而飛。其實那人只是常來法院辦事，自然對法院的動線和業務很熟悉。

關係，常見詐術

利用權威，騙徒則可以塑造他的可信度。早期有個中央民代，他的遠親請他到某餐廳用餐賞光，說只要現身20分鐘即可，有事先走沒關係；等他一出現，親戚就跟他裝熟，熱絡地向現場在座的人士做介紹。那親戚說服了在場人士投資土地開發案，騙走200多萬元。

流行話說：有了關係，就沒有關係。利用舊關係，也是常見的詐術。有個年輕人跑到當兵同期的人家中，當事人並不在家，於是藉口當事人用錢孔急，向那家人騙了幾萬元。也有人

利用「同姓，名字只差一字」的好處，謊稱是扶輪社某人的弟弟，騙了其他社員好多錢。現在同學錄、社團資料、校友會等系統性的資料，落到有心人手上，只要一通電話，就可以引人上鉤。

　　也有人故弄玄虛，「創造」特權。以前，就有個人開著某機關首長的座車，其實車子早因使用太久而被拍賣了，他卻對外謊稱和首長關係好，可以在採購案中幫忙，騙走一成半的採購費用。受騙的廠商是真的標到案子，但那人並未幫上忙。

　　「事先報名」也會讓人陷入騙局。曾有公司負責人事業不順，去找算命仙解惑，這「神機妙算」的算命仙要他先留下資料，後來再上網去查，輕而易舉就「算」出他事業上的問題。這種騙徒的厲害之處是先要少，再逐漸加多，讓你沒有防範。假藉怪力亂神幫人改運卻挨告的案子，屢見不鮮。

追贓，困難重重

　　一般而言，詐欺犯很少會承認罪行，他們往往是大言不慚、很會圓謊的行騙高手，而且財物一吃下去，就不會吐出來，消化能力非常好，早早就賣掉、轉帳、處理掉或藏起來。

　　預防受騙，要有一顆冷靜的心、清醒的腦，大膽懷疑：「真的那麼神嗎？」「這人有本事嗎？」「可能嗎？」同時小心求證對方言語的真實性，包括當場問明白、繞圈子旁敲側擊，或私下探訪相關事證，就能少受騙。

> **法律簡單講**
>
> 1. 刑法第339條（普通詐欺罪）
> 2. 刑法第341條（準詐欺罪）

9 照片隨便用，侵害肖像權

　　一對新婚夫婦到東部度蜜月，不巧看到某家照相館前掛著一幅巨大的結婚照宣傳看板，驚覺「很面熟」，才發現照片上的新娘是她，而新郎卻不是他；小夫妻為此吵了起來，蜜月變苦月。

　　照相館人員說照片是跟北部同業調來的，打聽之下，原來是之前幫這對夫妻拍結婚照的照相館所為。他們回台北找業者理論，業者支支吾吾；原來是新郎不上相，業者才改合成照片去宣傳。這對夫妻指業者侵害肖像權，業者自知理虧，出錢讓他們出國再度一次蜜月。

　　有個醫師，在某個產品的平面廣告中，看到他自己的相片登在上頭，變成產品的「推薦者」，因此透過律師去找業者理論，業者也知事態嚴重，準備要賠償，但醫師發現其廣告也沒有誇大不實，與其興訟不如答應收費代言，兩全其美。

　　有次，警察取締色情行業，記者到現場拍照時，有女性路人經過，剛好穿著清涼，動作又緊張，第二天報紙登出來，照

片影射她就是從事色情行業的女子，結果導致男友離她遠去。媒體後來向這名受害的女子道歉，男友也發現是誤會一場，又回到她的身邊。

工商活動中，我們用到別人相片的機會很多，媒體競爭也會大量使用他人照片，但別人的照片是否可以隨便用，這是很嚴肅的問題，應該小心處理。

可請求賠償的七種型態

實務上，已看過很多侵害肖像權的例子，方式、樣態約有七種：

- 攝影：未經當事人同意拍照，包括跟拍和偷拍。
- 繪畫：未經其同意就繪像。
- 複製：未經同意將他人的肖像重製。
- 未經他人同意而使用任何人拍到的當事人肖像或人像圖畫。
- 網路直播秀：把個人的肖像、動作或聲音放到電腦網路上傳播。
- 網路下載個人影像圖片。
- 轉載他人著作物中的影像圖片。

侵害肖像權，屬於侵害人格權，現行法律沒有明文規範，但被侵害人可要求民事賠償，也可以要求「排除」，如拆掉看板、回收照片、不能再製等。如果對方利用被侵害人的肖像權

而不當得利，被侵害人可以請對方「還錢」。

另外，如果惡意使用人像，如報章常見的「服裝最差的女星」照片，或刻意選張最難看的照片，還可能構成公然侮辱。

公眾人物難主張權利

不過，談到公眾人物的肖像權問題，由於公眾人物可受公評，被別人使用照片的容許度高，主張肖像權的空間較小，要告侵害肖像權也較難。

政治人物和明星在公開活動的照片，一般看法是不必經其同意，但不可以扭曲或竄改、合成，也不可做為商業價值的客體、交易的標的或拿來宣傳。若不是公開活動的照片，如明星在自家別墅開派對，更要謹慎處理。

這裡提供一個避免侵害他人肖像權的「小竅門」，例如在拍了照片之後，要請當事人同意，可以不著痕跡地請教他的地址，再寄照片給他；或者是幫他拍一張獨照之後，接著再拍一張你和他的合照；也可以事後傳簡訊謝謝他。

近年來，偷拍事件多，還走上打官司一途。其實，也有些人希望出名，所以會故意主張肖像權被侵害，藉此提高知名度。有人是剛好拍照不久後出了名，藉機要求金錢賠償；有人則因為整型變得更美，不希望別人再用他以前的照片。

總之，偷拍別人的照片要注意，以避免不必要的紛爭。不過，截至目前，侵害肖像權的官司並不多，那表示大家很容忍，但畢竟隱私是人類最基本的權利，仍要了解其法律界限。

法律簡單講

1. 民法第18條（人格權之保護）
2. 刑法第309條（公然侮辱罪）

10 入住集合住宅，
可管他人瓦上霜

　　前陣子，愛滋病關懷協會被迫搬離社區的新聞，引起社會關注，有人質疑社區不通人情，做法也不合法；桃園某大樓發生廢棄電梯殺童案，全體住戶被檢察官依過失致死罪起訴，最後管理員被判有罪。

所有權不變，使用權受限

　　以往，大家愛獨門獨戶，多住中式平房或花園洋房、三樓或四樓透天厝，認為較有隱私權。法律上，這種情況最單純，因為所有權、使用權獨立，可自由管理運用，與別人沒有太多關聯──你是你，我是我；各掃門前雪。

　　都會區人口攀升，常見的是集合住宅，打破舊有的居住型態，住戶彼此之間變成連體嬰關係，福禍與共，你可管他人瓦上霜。簡單來說，所有權不受影響，但使用權受到限制，因此公寓大廈的住戶可能要熟稔「公寓大廈管理條例」。

這個條例（2006年1月部分修正過）強調的是住戶的居住品質、和諧和安全，因此，設下許多「限制使用」的規定，規範養寵物、裝鐵窗、修改陽台、走廊布置、空地蓋花園或菜圃、加蓋車庫、頂樓加高、搭簡易棚架、放廣告看板等。

如果住戶想做這些「限制使用」的事，應該事先跟公寓或大廈的管理委員會商量，可避免麻煩或法律責任；但住戶若「擅自行動」，管委會有權出面制止，主管機關可限令改善，不從則罰錢，最後一步則是打官司，強制拆除、排除，以及要求損害賠償。若因為營業造成傷害、構成犯罪，最重可處七年徒刑。

曾有人在樓梯養蟒蛇當寵物，鄰居去找他理論，兩人吵起來，蟒蛇的主人衝動地說：「我就是希望蟒蛇跑出來，把你全家咬死！」鄰居聽了，告他恐嚇。

管委會應善盡管理義務

公寓大廈的法律問題複雜，事務又多，因此設管理委員會；管委會就是管理公寓大廈事務的核心。住戶如果不繳管理費，管委會可以向法院聲請支付命令，要求不守規定的住戶讓出持分，或查封拍賣他的房子。但還不至就此剝奪住戶對共用物品（如電梯）的使用權，影響住戶的生活。

桃園電梯殺童案的管委會，就是因為忽略法律上的管理義務，沒有向欠繳的住戶催繳管理費，造成無力管理，任由故障的電梯荒廢。不修電梯之外，也沒有設警告牌或封閉電梯，才

會有孩童不慎墜下。

　　管委會通常會擬定住戶公約，內容最好詳細、明確，免得發生爭議時，很難處理。內政部有參考範本，開放人民索取。白紙黑字訂公約，原則是「醜話講在前頭」、「先小人後君子」，另可加一點制約力，發生狀況時，要依約行事，不可縱容。

　　住在公寓或大廈，是現代都會公民普遍的生活型態；公寓大廈的管理問題和民眾息息相關，身為其中的一份子，應有相當了解，否則難保不會有下一個殺童案。社區應該凝聚共識，不但能形成良好社區文化，也能提升社區價值，讓外人競標入住，利人又利己。

法律簡單講

1. 公寓大廈管理條例第6條（住戶之義務）
2. 公寓大廈管理條例第16條（住戶維護公共安全等之義務）
3. 公寓大廈管理條例第21條（積欠公共基金之催討程序）
4. 公寓大廈管理條例第22條（強制出讓要件）
5. 公寓大廈管理條例第47條（罰則）
6. 公寓大廈管理條例第49條（罰則）
7. 公寓大廈管理條例第60條（規約範本）

11 隨便罵人代價高

　　罵人的代價有多高？有民眾罵女法官「菜鳥法官」，被判八個月徒刑；立委罵政府官員「就是狗」，被判拘役三十天；名人在電視上罵人「縮頭烏龜」，民事賠償300萬元；同志發生情變，指對方是「老玻璃」，要賠5萬元；教授和講師互罵，說對方「無恥、孔子罪人」，罰金各是12,000元和3,000元。

　　新聞上常見政治人物以妨害名譽、誹謗罪告人，媒體聞風而至，法院、檢察署變得熱鬧滾滾。其實，一般民眾因為口無遮攔、對人怒言相向而上法庭興訟的情況屢見不鮮。

　　刑法上，妨害名譽分成兩種罪名，一是公然侮辱，二是誹謗。公然侮辱是單純罵人，內容較空泛；誹謗則是指摘或傳述有具體人、事、時、地、物的內容和事實，加以散布，罪責較重。

　　舉例而言，罵某人討客兄（台語），算是公然侮辱；若明確說出某人討的是哪個客兄，就涉及誹謗。罵你不要臉，是公然侮辱；說你某天在某賣場當小偷，很不要臉，就屬於誹謗。

私德範圍別亂講

其實，如果涉嫌誹謗的當事人所說的是事實，可以不罰，但是如果這項事實是私德範圍，與公眾利益無關，又害對方名譽受損，如指某婦女在家中有全裸的習慣，即使為真，也不能任人隨便說的。在受理的案件中，公然侮辱以言語居多，例如罵人三八、瘋婆，但公然侮辱也包括動作，如當面吐人口水、對人潑漆，或者兩婦女在菜市場裡爭吵成一團，其中一名婦女故意掀扯另一名婦女的衣服等。

網路世界裡，也常出現公然侮辱的「動作」，像有人把他和女友的親密照上傳到網站公開貼圖，或者公開發表文章，指責某人是畜牲。

校園裡曾發生一例，某人很討厭一名女學生，故意寄明信片給她，上面寫著：不要臉、三八。明信片寄到學校之後，很多同學都看到了上面的文字，女學生因此羞憤得哭出來。

工廠裡，一男愛上一女，但女方不甩，男方想出一招來「宣示主權」，他寫信給她，信封上的用詞是「某某某愛妻收、愛你的丈夫某某某寄」，故意製造工廠同事耳語，女方雖然一再警告，但男方仍不改正，結果被告。

除了妨害名譽之外，上述例子也算是一種侵權行為，構成民事賠償要件。因此，若遭受他人公然侮辱或誹謗的委屈，可採「雙管齊下」，告刑事妨害名譽再加告民法上的侵害名譽權。依我所看過的法院判決，罵人可以賠到500萬，誹謗則倍增到1億。

　　有被害人會要求法院判決加害人登報道歉，這部分在法律上屬於「請求回復名譽的適當處分」，包括路旁立看板、印傳單去發、擺幾桌請客、公開場合親自說明等。不過，嚴格來說，什麼才是適當處分？很多時候，登報道歉反而產生二度傷害，適得其反。因此，我曾勸被害人，大眾早已忘記，不必登報提醒大眾。究竟某些處分方式「適不適當」，仍要考量。

　　以下三點建議提供大家參考，首先，不以自己的情緒管理差為藉口，就逞一時之快、口無遮攔，最後得不償失；其次，如果現場氣氛已差，應快轉換環境，不要留在現場被罵，做好自我保護；第三，關於男女之間愛做的事，本來想拍照或錄影留下美好回憶，結果多變成遺憾，應謹慎為之。

▶ 法律簡單講

1. 刑法第309條（公然侮辱罪）
2. 刑法第310條（誹謗罪）
3. 民法第195條（侵害他人身體健康等之非財產上損害賠償）

12 存證信函，
好大的學問

　　台灣社會，存證信函滿天飛，上班族用存證信函催公司給薪水，甚至在受到不合理待遇時，也以此警告公司，要求給個合理交代。但大家對存證信函的效力不一定有正確認知。

　　有人覺得存證信函是萬靈丹，只要想跟對方有所交涉，就頻頻使用這「法寶」。事實上，不盡然會收到預期效果，常常事與願違。例如在採取法律行動前，先寄出存證信函提醒，可能會讓對方先脫產、躲債，逃之夭夭。

　　也有人認為存證信函的效果不大，多此一舉，便不予理會。但沒想到卻發生了法律效力，令人後悔莫及。客觀來說，存證信函的效力不是沒有，但也不是那麼大。

　　什麼是存證信函？它有固定格式，填上內容之後，通常透過郵局掛號寄出，讓對方知悉、並希望照你的意思處理。郵局留一份之外，再依寄送對象的份數去填寫。不光是因為郵局有公信力，採取這個方式也比較簡單、迅速。

五種法律效力

存證信函的法律效力分成五種：第一，通知對方。例如：「你何時何地撞到我」、「你的產品侵害我的新型專利」、「我已照約定把工程圖修改完成」等，往往有先禮後兵的味道。

第二，要求辦理或履行一定的義務。例如：通知保險公司應給付保險金、要求訂貨商給付機器款項、要求對方付違約賠償金。

第三，引蛇出洞。例如：借錢但未留下借據，去函故意把金額寫高一點，對方可能就會回信「沒有借這麼多」；或車禍現場，答應賠修車費和醫療費，但怎麼還未履行等等（其實是想讓對方承認過失）。

第四，催告，內容包括事實和說明。例如：契約未訂履行期限，因此催告對方開始履行契約；或因對方違約，催告將解除契約；或發生了約定的事由，催告將終止契約。這種催告，都有法律效果，應更小心，不能忽略。

第五，留下做為證據。我曾經辦過一個案子，有貿易商向工廠訂了外銷的精密工作母機，但從製造、試車、交貨到運送國外的過程，處處出問題。由於雙方長期業務往來，並沒有寫下書面的東西（如合同、備忘錄或確認單等），因此貿易商寄出一系列的存證信函，展開有計畫性的「連環套」，廠商都一五一十地回覆。後來涉訟，貿易商的律師就以此存證信函做為證據，官司卻因此打得輕鬆。

四種常見回應

收到信函的人，通常有四種反應：第一，退回信函。但可能發生意想不到的後果，例如讓對方申請公示催告；打官司時被誤認為居所不明；在離婚官司中也被主張是惡意遺棄。

第二，不加理會。但不理它易讓對方振振有詞，指其是正確的，而你是心虛的，所以不敢回應等等。後果要視信函內容而定，若信函有催告效果，你就苦不堪言。

第三，詳細反駁，深入說明。這麼坦白的回信，如同自白，對方會很高興，若以後被引為證據，等於脖子被人掐住。

最後一種是最高明的方式，即回函簡明扼要，例如「來函所述，與事實不合」、「信中所言各點，難以認同」、「談到我方部分，均非事實」，如此滑溜溜的，便讓對方無法掌握。

存證信函運用之妙，存乎一心，寫的人也好，回的人也罷，有正確的認知，就能謹慎出招；若不以為意，便可能叫苦連天。這也說明，法務事務懂得愈多，第一線的自保就愈周全。

> **法律簡單講**
>
> 1. 郵件處理規則第34條（存證信函之定義及副本保存期限）
> 2. 民法第254條（非定期行為給付遲延之解除契約）
> 3. 民法第255條（定期行為給付遲延之解除契約）

13 違反公序良俗，
契約無效

　　年輕人的流行語，只要我喜歡，有什麼不可以，用在契約行為上，認為只要雙方願意，基於契約自由，應不會有法律爭議。事實不然，必須要考慮到社會觀感、公共利益和善良風俗，否則將影響社會基本價值和倫理結構。

　　報紙曾大幅刊登一則新聞，某學校老師與高二女生約定「性愛契約」，內容一看，什麼抱抱、摸摸或初體驗一次付多少錢等等，一般人認為這些行為顯然並不正當，換成法律用語，即它違反公序良俗，無效。

　　曾經辦過一案，先生欠債60萬，無力償還，對方債主貪圖他太太的美色，於是約定如果發生十次關係，債務就可抵銷。太太不肯，和先生大吵。債主把先生押到山上痛毆一頓，先生告其妨害自由。庭上，債主振振有詞，指那先生無誠信，但我告訴他，這種契約是無法主張對方履行的。

結婚必須辭職，沒這回事

工商社會，有小公司或地方金融機構，常發生員工任職時必須預立一張「結婚必須辭職」的契約，但這種契約顯然違反兩性平等的原則，根本無效。又如工程採購案，因為競爭激烈，廠商互相串聯，以違標方式標下工程，違反公平觀念，不正當，屬「違反公序良俗」的行為，採購法也有處罰規定。

甚至有些犯罪集團，內部達成契約，彼此合作，是違反公序良俗；像走私毒品，國內外毒梟採分工方式，包括國外採購，分段運送到泰國，走私出境，夾帶到台灣，再予分售的犯罪合作契約，無效。

又如，汽車解體公司，由甲偷車、乙解體、丙組合、丁偽造牌照、戊負責銷售；或是仿冒名牌皮件商，由大家分工負責設計、採購、加工、通路等，這些合作契約違反公序良俗，無效。

什麼是「公序良俗」？即公共秩序和善良風俗，講起來很空洞，大致是指社會一般秩序要求和一般國民道德觀念；兩者相輔相成，構成綿密的法律網，實務上也兩者並用。只不過，社會思想、制度會改變，工商社會發展內涵也會跟著調整。

以違反倫常為例，有養子女在養父母在世時，就訂下「分管合約」，做好財產的分配，顯然剝奪養父或養母的應繼分，此種矇父欺母、違反孝悌的契約，被法院認定無效。

問題契約，等吃官司

又如，夫妻怕另一方虐待或遺棄，就訂「離婚契約」，也是無效。現在有人主張訂「婚姻契約」，結婚十年後視雙方滿意度再「續約」，這在法律上頗有爭議。另外，男人有婚外情，送給外遇對象一輛雙B轎車，約定如果終止交往關係，就得把車子返還，這契約無效，對方根本不必還。有協議離婚者，為了限制太太的自由，給她100萬，言明如果再婚就得歸還，是用違反善良風俗的方法來約定給付金錢，後來女方再婚，法院判定男方不能請求返還金錢。

上述這類奇奇怪怪的契約，都有其不良的動機和目的，訂約人本身應該了解這種契約有問題，結果「無效」也不致意外。

在民法上違反公序良俗的法律行為，不但無效，往往也伴隨刑事責任，像和學生訂「性愛契約」的老師，被依兒童及少年性交易防制條例和刑法起訴，通姦、違標案也是。這印證了法律仍貼近一般人的原則，符合「大數法則」，並非那麼遙不可及。

法律簡單講

1. 民法第72條（違背公序良俗之效力）
2. 中華民國憲法第7條（平等權）
3. 中華民國憲法第15條（生存權、工作權及財產權）
4. 中華民國憲法第22條（人民其他基本權利）
5. 政府採購法第87條（罰則）

14 買到瑕疵品，
有法討公道

　　某甲的住家有大庭院，因怕宵小入侵，買了隻狼犬。只是，這隻狗都不叫，某甲還以為是害羞，後來才發現是啞吧狗，氣得去找賣他狼犬的人理論。對方竟說，賣狗時又沒說狗一定會叫，某甲理直氣壯，說買狼狗就是想讓牠看家，不會叫怎麼看家？一言不合，兩人打起來，變成鬧上法庭的詐欺案。

　　大家或多或少有買到瑕疵品的經驗。春節假期，有人去買福袋，結果發現內容物都不合用，不但沒享受到福氣，反而還先受氣。訂飯店年菜時，有人發現，實物和訂購單上的年菜圖片不符，吃得一肚子火。有很多人到觀光旅遊景點玩，買到不肖業者趁機出清的劣等貨，而發生買賣糾紛。

　　碰到以上狀況，消費者可主張「瑕疵擔保責任」，也就是商家必須對其出售的商品有無瑕疵、缺點，負擔保責任。賣家、商家賣給消費者的產品必須具備所謂的「價值」、「效用」和「保證的品質」。

　　價值方面，如2006年台灣開放大陸觀光客來台，發生某些

地區有店家以國外進口的劣質茶葉混充本地高山茶，一斤幾百元的東西賣到兩、三萬元，大賺黑心錢。又如，大學生到賣場買電腦，廠商標示內裝升級，但買回去卻發現只是陽春的軟體、基本款，和原來期待的價值顯不相當。

效用方面，如有人買了防水手表，戴著下水游泳，結果「防水表」變成「水表」，裡頭全灌進了水。寒流來襲時，有一家人買電碗煮火鍋，用不鏽鋼筷、匙，挾菜、盛湯，結果被電得哇哇叫，原來那電碗會漏電。有年輕人登山賞雪，凍得哇哇叫，因為他的羽毛衣內填物是次級毛料，不能保暖。

有對年輕夫婦在市郊買房子，興高采烈地搬進去，竟發現沒水沒電。原來，前手交屋時，距離訂約已經過了一段時間，房價因此上漲，希望抬高價錢，但沒談攏，憤而故意把電線剪斷、在水管裡灌水泥。

品質方面，可以斃死豬流入市面的事件為例，有餐廳向客人保證店內絕無使用斃死豬肉入菜，但事後發現，上游供應商送來的是斃死豬。風景區常見小販賣蜂蜜，廣告寫著「不純砍頭」，但如果真的不純，要砍的恐怕只是蜜蜂的頭吧！

法律對於契約的履行，規定須本於「誠實信用」的原則來處理，以上案例，顯然都違背擔保責任。站在法律的角度，消費者可依：（一）減少價金；（二）更換修補，如西裝少了一顆鈕扣，修補一下；（三）損害賠償，如買來的東西吃了會拉肚子，要求賠醫藥費；（四）甚至可以解除契約，償還價金。民法、消費者保護法和公平交易法都有保護消費者的規範。

法律簡單講

1. 民法第191條之1（商品製造人責任）
2. 民法第227條（不完全給付之效果）
3. 民法第354條（物之瑕疵擔保責任及效果）
4. 民法第359條（物之瑕疵擔保效力—解約或減少價金）
5. 民法第360條（物之瑕疵擔保效力—請求不履行之損害賠償）
6. 民法第364條（瑕疵擔保之效力—另行交付無瑕疵之物）
7. 消費者保護法第4條（企業經營者提供商品服務應遵守事項）
8. 消費者保護法第7條（企業經營者就其商品或服務應負責任）
9. 消費者保護法第10條（企業經營者對於危險商品或服務處理行為）
10. 公平交易法第21條（虛偽不實記載或廣告）
11. 公平交易法第26條（公平交易委員會之調查權）
12. 公平交易法第31條（侵權行為之責任）
13. 公平交易法第30條（權利之維護）

15 消費者自保，
　　三招搞定

　　有兩個老人家是鄰居，他們常結伴參加老人會。某天，他們各收到一份業者寄來的按摩器。第一個老人家心想，自己又沒買東西，所以打電話去通知，說不要這份按摩器，業者不理，老人家就把按摩器隨意丟在外頭。後來，業者派人來收帳，老人家當然不願意付錢；業務員說：「你不買就算了，還亂放，按摩器淋到雨都生銹了，要賠錢！」但老人家還是不理他，業務員只好無功而返。第二個就收下，雖抗辯又不是我訂的，但業務員還是向他要錢。

七天內退貨，買賣契約解除

　　某書商的推銷人員鼓起如簧之舌，以三折優待向某學生推銷書籍，學生心動地簽下意願書。但等到收到書才發現內容普通，印刷品質也很粗糙，跟當初想像的差太遠，要退貨；對方卻說收到東西就等於契約成立。

學生請教法學教授後，知道其實不用任何理由就可以退貨，成功把書退掉，書商也沒轍。

有個太太到學校接送小孩，碰到推銷兒童百科的業務員，就訂了一套3萬元的書，結果回去被先生責罵：「家裡哪有這個預算？」她打算退貨，但遭推銷員警告：「如果不買，就是詐欺！」她心想事態嚴重，就算了。其實，這種情況根本不會成立詐欺。

以上的事例，常見於郵購或訪問買賣型態，案主的處理方式各不同，也不見得有正確的法律認知。其實，如果消費者不願意買，得在收到商品七天內逕行退回，或以書面通知解除契約，無須說明任何理由。如果已經通知業者取回，而他們不取回或是無法通知，你也不用對收到的商品負保管的責任，就像上述老人家把東西放到屋外去淋雨也沒關係。

商品有瑕疵，消費者有法保障

當然，如果商品本身有瑕疵、缺陷，不符合消費者的需要，法律也有周密的保障規定。

民法規定，出賣者要負物品的「瑕疵擔保責任」，同時要負「不完全給付的債務不履行責任」（第227條）。所謂「不完全給付」就是不依照債務的本旨給付，例如店家賣給顧客一副不足度數的眼鏡。這兩種責任可能是並存的，消費者可以擇一主張，請求賠償。

另外，民法第191條之1還規定商品製造人的侵權行為責

任，當商品的生產、製造、加工或設計有欠缺，以致消費者受到損害，像有人使用劣質保養品，臉部竟灼傷，廠商該賠。當然，廠商也不用負無限責任，舉例而言，有人在停電時被困在電梯近20小時，造成損害的原因跟電梯本身無關，就不見得能向電梯製造商索賠。

自2004年起，消費者保護法規定得更周全，除了製造商，也對經銷商、進出口商和服務業訂有相關責任要求：第一，提供的商品和服務要符合「健康」和「安全」標準；第二，有危險性者，應收回商品或停止服務。第三，菸盒上常見「吸菸有害健康」的標語，或果凍的包裝袋上印著「含果粒，小心吞食」文字等。

消費者自我保護，不外乎幾個途徑：第一，找廠商負責；第二，提起訴訟；第三，循救濟管道，像小額糾紛有小額訴訟程序，或者依消保法去申訴或申請調解。

法律簡單講

1. 民法第191條之1（商品製造人責任）

2. 民法第227條（不完全給付之效果）

3. 民法第354條（物之瑕疵擔保責任及效果）

4. 民法第359條（物之瑕疵擔保效力－解約或減少價金）

5. 民法第360條（物之瑕疵擔保效力－請求不履行之損害賠償）

6. 民法第364條（瑕疵擔保之效力－另行交付無瑕疵之物）

7. 消費者保護法第2條（名詞定義）

8. 消費者保護法第4條（企業經營者提供商品服務應遵守事項）

9. 消費者保護法第7條（企業經營者就其商品或服務應負責任）

10. 消費者保護法第10條（企業經營者對於危險商品或服務處理行為）

11. 消費者保護法第19條（郵購或訪問買賣之解約）

12. 消費者保護法第20條（保管義務）

16 子女跟誰姓，
可由父母雙方約定

　　立法院於2007年5月4日通過「民法親屬編修正案」，原來子女從父姓的法律，將更改由父母雙方約定，協商不成時，戶政機關將依戶籍法逕為登記，對逕為登記之處分不服者，可提起行政訴訟；非婚生子女從母姓，經生父認領者，得約定變更為父姓。

　　而若有父母離婚、一方或雙方死亡、生死不明、未盡扶養義務，或非婚生子女係由生母任權利義務之行使或負擔，且有事實足認子女之姓氏對其有不利之影響時，父母之一方或子女得請求法院宣告變更子女之姓氏為父姓或母姓。

考量子女最佳利益

　　民法有關家族的進展，由最早的父權優先，演進到父母平等原則，如今進化到以子女利益優先，台灣子女姓氏由父母約

定的法律，幾乎是領先世界潮流，非常尊重男女平權。 1990年到1993年，我擔任台中家事法庭法官時，處理很多夫妻離婚要求監護權的案件，按當時法律規定，即使母親爭取到監護權，小孩子仍然要跟父親姓，法律的確有不合時宜之處。

另外，有一個案子讓我印象深刻，那位媽媽原本是老闆的會計，和老闆發生婚外情後，產下一個小孩，向法院請求生父強制認領，結果老闆不要這位媽媽，當時那位媽媽向我主張，既然他都不要小孩了，為什麼還要跟他姓；從情理角度看，那位媽媽講得很有道理；但是，法律規定從父姓，我也愛莫能助。

可能影響財產分配

談到「子女最佳利益」問題，雖然從法律平等的觀念來看，子女姓氏無關乎最佳利益，都同時享有應盡的義務和權利，這點我非常認同；不過，就社會情感、家族血脈來看，仍存在子女最佳利益的問題。

像中南部鄉下地方，還是有宗祧繼承的觀念，跟我姓的在財產贈與上還是有影響。假設我女兒的小孩跟我姓，等到他成年，我當外祖父的幫他買車就會直接用他的名字買，姓氏會產生情感的歸屬，而情感會挑動財產分配的問題。

兼顧男女平等觀念

除此之外，將來夫妻離婚爭監護權，姓氏也會產生很大的影響，我過去擔任家事法庭法官，媽媽爭取到監護權，但是小孩沒有跟她姓，還是跟父親姓，情感上會減弱，但是如果可以改成跟她姓，她會更全心全力去照顧這個小孩，因此婦女團體強烈要求，子女姓氏要更公平，廢除法律從父姓的主張。

所以，從上述觀點來看，子女姓氏還是存在最佳利益的問題，修改子女姓氏法律要把父母平等的觀念考慮進去，男方願意改成太太的姓，表示尊重男女平等，這會大大改變整個社會的情感，形成新的社會價值觀。

至於，將來子女姓氏從父、從母都有可能情況下，有學者擔憂會有近親通婚的情形發生。

我記得十幾年前馬英九市長在擔任法務部長時，那時候就曾經討論過子女姓氏，只是當時有人認為，從父、從母要一致，免得血緣會有近親通婚的問題。

另外，由於外籍新娘人數增多，相來從母姓情況一發生，外籍新娘的姓氏會五花八門，在某些角度加強了辨識性，幾少近親結婚的可能。

> ### 法律簡單講

1. 民法1059條：父母於子女出生登記前，應以書面約定子
   女從父姓或母姓。
   有下列各款情形之一，且有事實足認子女之姓氏對其有不
   利之影響時，父母之一方或子女得請求法院宣告變更子女
   之姓氏為父姓或母姓：

   • 父母離婚者。
   • 父母之一方或雙方死亡者。
   • 父母之一方或雙方生死不明滿三年者。
   • 父母之一方曾有或現有未盡扶養義務滿二年者。

2. 民法1059條之1
   非婚生子女從母姓。經生父認領者，適用前條第二項至第
   四項之規定。

17 情人節大餐
吃出離婚官司

　　從情人節而來的離婚官司，其實還不少。像有一對新婚半年的夫妻，在情人節當天到西餐廳享用浪漫晚餐，剛巧有一名女子走過來，對先生說了一些曖昧的話，看在太太眼裡，很不對勁。因為這位先生曾經告訴太太，她是他唯一交往過的對象。

舊情人搞曖昧，老婆抓狂

　　他們回家之後，太太開始查先生的東西，才發現先生的相簿裡有那名女子的照片，證明其實是舊情人。當下，太太對先生的信任基礎瓦解，兩人開始冷戰、熱戰，搞得先生去告太太「精神虐待」。民法規定，若「不堪同居的虐待」，包括肉體和精神虐待，可以訴請離婚。

　　這位太太說，她太愛先生了，所以不堪承受他曾和別人交往的事實，還撒謊來欺騙她。當時我辦這個案子，我跟女方

說，她應該感到高興，因為先生的舊情人看起來是來「示威」的，那表示先生的條件不錯，更何況和別人交往是婚前的事，婚後並沒有發生。我又把女方的母親找來勸她，最後雙方以和解收尾。

有婚紗業者曾跟我聊起，常有準新人付了訂金，高高興興拍完婚紗照之後，卻遲遲不來拿照片，打電話去催繳，才知道小倆口已經分手，悔婚了。我想，都走到拍婚紗這個關鍵的地步，實在不應該如此衝動，吵一吵就要分手。

另外，我曾辦過一個官司，導火線也是情人節。原來，男友暗地劈腿，在情人節當天請花店送花，結果卡片上的名字寫成別的女人名字。收到花的女方跑到花店去問：「不知道是誰送花給我？」翻到交易資料，證明男友送出兩束花，分別給她和劈腿對象。物證充足，男方被捉到小辮子，卻惱羞成怒，反而毆打女方。女方檢具驗傷證明，堅持要告男方，最後提出公訴。

寄照片搞懸疑，自找苦吃

有一個弄巧成拙的案例，是太太對先生較為冷漠，但不是故意的，先生便異想天開，在情人節用女同事的名字寄禮物到家裡，卡片上還寫著「知名不具」，故意要引起太太的醋意。平日，也會把一些他和女同事發生親暱動作的照片秀給太太看。

這位研究所畢業的太太終於生氣了，她蒐集10多張先生與

女同事勾肩搭背、打情罵俏狀的照片，和情人節的「知名不具」卡片，到法院訴請離婚；又拿出青春時代的日記，證明自己難以容忍另一半對其他女人有親密的舉動。

先生說自己是為了引起太太的注意，但法官去查，發現男方和女同事確實很有話聊，而且不時有意無意地向太太彰顯、炫耀自己在異性圈裡很有辦法，讓太太在婚姻中陷於恐懼。

雖然以上不是民法明列的離婚十大罪狀，但以「破綻主義」來看，一旦發生重大事件，讓信賴基礎破壞掉了，離婚條件就成立。

看到這些例子，就像我說過的，在司法界，什麼奇怪的事都會發生，「只有想不到的事，沒有不可能發生的事」。

法律簡單講

民法第1052條（判決離婚之事由）

18 同居不婚，
法律問題大

社會風氣愈來愈開放，一男一女合意住在一起，生活好幾年也沒有正式結婚的念頭，已變成常見的現象。但這樣的關係除了你儂我儂，可能也會產生家務分擔、財產處理，甚至子女歸屬等「難分難捨」的法律問題，值得正視。

「事實婚」無法律地位

最高法院曾參考1944年某號判例的精神，做成一項判決，認定類似夫妻結合的同居關係，在同居狀態結束時，對於生活困難的一方，應該付給贍養費。這個判決的結果，引起婦女團體的高度關注，也成為社會學和法律學界的新研究課題。

目前，所謂合法的婚姻，必須經過「結婚」這一關，也就是有公開儀式和兩個以上的證人，沒有這個要件，合法婚姻就不成立。不過，新修正的民法已將「儀式婚」改成「登記婚」，必須去戶政機關辦理登記。

　　在這個「新同居時代」,有男女陷入熱戀而住在一起,以省房租或就近看管,屬於即興式的共同居住方式,彼此心中沒有共同長期生活或結婚的意念,所以來得快也去得快,適當時候就相互道再見,這種法律關係就比較單純。

　　但一對男女長期住在一起,客觀上有共同生活的事實,與一般夫妻無異,主觀上也認為相互為配偶,只是沒辦過公開結婚儀式,則稱為「事實婚」(事實上夫妻),但兩人所生的小孩,即使已經請過滿月酒,法律上也不被認為是婚生子女。

　　換句話說,一對自認老夫老妻的人,育有孩子,還會叫他們爸、媽,但這些身分在法律上都沒有地位。現行法令沒有對事實婚衍生的法律關係周詳規範,法律效力散見在零星法律,例如家庭暴力防治法把現有或曾有事實夫妻關係者視為「家庭成員」。

「儀式婚」有保障更能長久

　　有多數學者認為應在民法上賦予事實婚的婚姻效力,在一定條件下也准用離婚的法令效果;實務上,1944年的判例,以及更早在1930年的判例,也採相同看法。由此看出,不管是學者見解或是實務見解,都對事實婚的法律效力採肯定說。

　　法務部也在研究立法的可行性,重點在事實婚夫妻的「身分」或「財產」效力,例如有無同居義務,是否成立家長、家屬關係,有無扶養義務,以及親子關係的界定,對小孩如何行使親權,還有共同財產的處理,子女是否有繼承權等。

其實，男女雙方若要彼此認定、長期共同生活，也願意有「愛的結晶」，就不能只想到感情問題，還要考量到財產處理方式以及親子關係，但如果只要單純同居，就要先把話講清楚，免生不必要的困擾。

屬於「事實上夫妻」者，因為法定地位不明，關係非常脆弱，建議雙方應該依「登記婚」的法令規定，辦理結婚登記，不但情感上有保障，法律上也更有機會長長久久。

▶ **法律簡單講**

1. 民法第982條
   結婚，應以書面為之，有二人以上證人之簽名，並應由雙方當事人向戶政機關為結婚之登記。
2. 民法第1061條
   稱婚生子女者，謂由婚姻關係受胎而生之子女。
3. 家庭暴力防治法第3條
   本法所稱家庭成員，包括下列各員及其未成年子女：

   - 配偶或前配偶。
   - 現有或曾有事實上之夫妻關係、家長家屬或家屬間關係者。
   - 現為或曾為直系血親或直系姻親。
   - 現為或曾為四親等以內之旁系血親或旁系姻親。

19 防個人資料外洩有撇步

早期的票據法還有刑罰，很多人就因為被別人假冒證件去開支票而被關起來。這些人的身分證被冒用，可能非出於本意，有的則是不知情，更有人無從意料自己的證件竟會被冒用。因此，特別提醒，一般人對身分證件要妥善保管，不要隨意交給他人。

掉身分證可能被冒用

以前，有個人到台南曾文溪釣魚時，把外套放在摩托車上，釣完魚發現外套裡的身分證不見了，不以為意，也沒報案。兩年後他去工作，警察來抓人，說他開了三千多張支票，總金額約3,000萬元，他連忙喊冤，後來費了九牛二虎之力，才讓法官相信他的說詞。

幾年前，有個女大學生半路被搶，她心想，被搶走的也只是一般東西和身分證罷了，反正還有學生證可以用，就不管

它。沒想到後來有討債公司上門，說她積欠3,000到4,000元的手機通話費，但她本人從未辦過手機門號，於是她的父母找電信業者理論，才發現原來是身分證被冒用，但前後已經被搔擾三個月。

最常見的狀況就是，例如一個家庭主婦，證件掉了，被詐騙集團冒用，警察找上門來調查她，說她涉及詐騙，用帳戶洗錢，她本人卻一問三不知；經過員警的說明，她才知道身分證掉了，被拿去設三個帳戶，洗錢近千萬元，還好警察經交叉比對，總算還她清白。

我辦過的財稅抗告案件裡，其中好幾件案情雷同，而且每一件都是抗告人主張沒有到營造廠上班，卻要繳所得稅，覺得很冤枉，但國稅局不採信。我傳他們來說明，才知道他們在外面做了幾天的零工，工頭的合夥人曾經要他們交證件，說是方便介紹工作，結果是拿給營造廠去申報薪資。

事實上，現在人心險惡，不只是身分證，連個人資料也應該謹慎處理，否則一經外洩，縱然可以透過電腦處理個人資料保護法請求賠償或救濟，但往往已經造成損害，於事無補。

電話地址不隨便給人

常見個人在求職或徵信的情境下，被要求提供電話、地址。有個小技巧，寫住址時可以加些外人不知道的訊息，例如，忠孝路120號，提供給A公司時，寫的是忠孝路120號之1；給B公司時，則是忠孝路120號201室等，萬一資料外洩，

也可以辨別出是哪一家公司搞的鬼。

若是提供身分證影本給別人，可以在影本的照片處，用非黑色的筆寫上「謹供某某銀行或公司於什麼用途使用」，並附上日期；這些寫在照片處的字跡，即使被人用立可白塗掉，也很容易有破綻。

尤其是到了畢業季，社會新鮮人在寫求職信時，應該強調的是才華、能力、專長或風格、品味等，個人資料部分則不必寫得一字不漏，能簡則簡，概略敘述即可。此外，民眾參加抽獎、問卷調查、填同學錄或會員資料等，那些只是做為聯繫用的資料，不要提供太詳細的資料，身分證字號則是能不提供就不要提供。

信封名條撕下再丟棄

另外，留有個人資料的文件，不要整張丟掉，最好先用碎紙機處理；許多信封上都留有收件人的名條，應該撕下來再把信封丟掉。

如果不小心把資料外洩，後果可能是垃圾廣告滿天飛，更甚者有險鬧成家庭風波的例子：有個太太接到酒廊寄來給先生的廣告信件，內容裡有親切的問候語，並附上最新的酒廊消費訊息，例如「重新裝潢」、「擴大營業」或「新一批的小姐」等等，太太因此認定先生經常加班其實是去狂歡，兩人大吵一架，先生很氣，就去酒店查，才知道是酒店去買個人資料，而寄廣告到家裡。

法律簡單講

1. 戶籍法第8條（國民身分證之請領）
2. 戶籍法施行細則第20條第2項（國民身分證之效用及於全國）
3. 戶籍法施行細則第21條、第23條、第24條（初領、補領、換領或全面換領國民身分證相關程序）
4. 中華民國刑法第324條（搶奪罪）
5. 中華民國刑法第320條（竊盜罪）
6. 中華民國刑法第337條（侵占脫離持有物罪）
7. 中華民國刑法第339條（詐欺罪）
8. 電腦處理個人資料保護法第6條（個人資料之保護）
9. 電腦處理個人資料保護法第7條、第8條（公務機關對個人資料之蒐集、處理及使用）
10. 電腦處理個人資料保護法第18條、第23條（非公務機關對個人資料之蒐集、處理及使用）
11. 電腦處理個人資料保護法第27條、第29條、第30條（損害賠償責任適用國家賠償法規定）
12. 電腦處理個人資料保護法第28條至第30條（損害賠償責任適用民法規定）
13. 國家賠償法第2條（公務員賠償責任）
14. 民法第184條（一般侵權行為）
15. 票據法第141條、第142條【已刪除】（刑罰規定）

第二部

商業經營

20 七招把關，
購買房地不吃虧

　　最近有個房屋廣告做得很大，它是一個只賣房屋使用權，但不賣地的BOT建案，載明在約定期間內要繳地租和房屋稅，期間屆滿則一無所有。它的消費者究竟買到什麼樣的權利內容，例如有無房屋所有權或者只有租賃權；持分是否可以保值或增值等問題，引起業界、法界高度注意。

交易型態多變，不能單憑直覺

　　社會發達，工商交易型態多變，房市也是。不管從使用者的角度，或者出售者的創意，都創造出多樣而特殊的買賣型態。每個不同消費型態所發展出來的法律關係不盡相同。身為消費者，應充分了解其法律內涵，不能憑直覺接受，否則之後可能會覺得落差很大。

　　早期，市場和百貨公司的攤位或櫃位是用買的，事實上，只是買個位子罷了，連房屋所有權狀都沒有，所以發生過許多

糾紛；現在則演變成用租的，不但便宜，而且因為權利義務簡單明確，糾紛也少。

買土地和房屋，使用權可能間接受到限制，如陽明山溫泉區住宅、中部遊樂區附近房屋，都因為訂了契約，必須把房屋使用權交出去，給他（賣方）經營，再出租給別人，但是你（買方）可以收租金。不過，你自己要住的時候還得預約，反而不能自由使用房子。本來，你覺得當地風光明媚，又有溫泉資源，想要享受一番，結果事與願違。

另一個型態，類似中國大陸房市的情況——買到房子的所有權，但沒有土地，土地必須交租金。固然，租金比房價便宜，也有地上權，但終將發現其有不確定性，因為房屋會逐漸折舊，土地價值卻在上漲，與你當初想獲利的期待不同。

最沒保障的就是違章建築，因為便宜，就有人買，算起來卻什麼也沒有，房子隨時可能被拆，根本沒有所有權。住戶面臨拆除風險，只能過一天算一天。

購買房地實務上應綜合考量幾個重點：

1. 有無房屋和土地所有權皆備？如果只有一種，應該深入了解，再評估自己的需求，盤算之後覺得適合再買。

2. 使用權有無受限？是否充分？特別是像「海邊別墅，幫你經營」或「大樓旁小綠地」、「樓上頂樓」等標的，即使付了錢，契約內容也受限，中看不中用。

3. 如果房子用租的，則要注意有無地上權。

4. 如果房子不靠道路，要注意有無「袋地通行權」。

5. 若手頭緊，有無可辦房貸的條件？

6. 出售者的主體要單純，如果發現出售者由好幾人組成，應了解其之間的法律關係，以及他們和你的法律關係。

7. 特殊性質的房屋，如農舍或國宅，可能另有特別法令規定。

總之，愈新的型態和買賣，愈要注意，因為它當中的內容必然比較複雜，要弄清楚法律關係。

另外，企業界也注意到了，長久以來，房屋買賣都強調所有權、使用權，以及管理權、收益權、處分權等由同一主體享用，似乎最能滿足擁有者的想望，但國外已有很多實例說明，這些權益可以進行切割，著重在使用權，所有權已不重要。

國內也有只有使用權的案子，如渡假村或高爾夫球場。這對消費者來說也有好處——用小小資金，換來大大享受，很像分期買賣，不必花龐大資金、陷在其中，但要看清楚權利義務。可預期，有本事、創意的業者，將會開發更多新產品，特別在使用權方面，開發的空間可多著呢！

> ### 法律簡單講
>
> 1. 土地法第62條（確定登記）
> 2. 民法第787條（袋地所有人之通行權）
> 3. 民法第832條（地上權之意義）
> 4. 農業發展條例第18條（無自用農舍農民興建農舍規定）
> 5. 國民住宅條例第1條（立法目的）

21 買賣仿品，
不能不知者無罪

　　有一個年輕女孩在網路上買了一套韓劇，看完再上網賣出去，結果被檢警抓到。她被逮到的時候說，她根本不知道是盜版，可是，既然不知道是盜版，為何整套賣120元？那小女生說，她花120元買來，所以賣120元。即使買的時候不知道是仿冒，但是只要賣仿冒品就觸法，很多人都沒有這個觀念。

網路犯罪，新興型態

　　網路犯罪是新興犯罪型態，不僅犯罪案件逐年增加，而且犯罪手法不斷翻新。幾年前，我和負責偵辦電腦犯罪的同仁說，未來許多犯罪會出現在虛擬世界的電子社會中，如果不趁早建立防護網，將來更難將這些天才型的網路犯罪繩之於法。

　　一般網路犯罪可以區分兩塊：一是利用電腦本體犯罪。從外部入侵竊取個人資料或更改存檔資料，包括你設立的帳號、密碼；或植入木馬病毒程式，讓你的電腦癱瘓無法運作，或操

控你的電腦。

二是利用電腦存在的內容犯罪。像網路遊戲天堂，剛風行時，短短兩、三個月就發生百餘件偷天幣、詐欺報案，甚至恐嚇逼你交出天幣，這和現實社會中的恐嚇取財手段類似。另外，台北地檢署起訴國內第一件的「網頁綁架」案件時，他們在網頁中加入惡意程式，強迫網友一上網就先進入他們設立的網站，都屬於這類。

彈指之間，盜光存款

早期北檢偵辦過手法粗糙的電子銀行盜領案，犯罪者不厭其煩地測試密碼，歷時一週竟被猜中，盜領了幾百萬元。有鑑於此，後來許多銀行的個人金融密碼從4個數字增加到8個數字，就是為了加強保密功能。

以前這類電子銀行盜領案都是土法煉鋼，會依照這個人的習性，從過去使用的密碼判讀，甚至他的生日、配偶的生日、門牌、身分證字號等去測試，有些真的就被猜中。未來可能會更精準，侵入原來銀行設定的密碼系統，直接竊取你的密碼，彈指之間，就把你的銀行存款盜領一空。

事實上，網路犯罪型態很多，有些人透過網路妨害名譽、妨害信用，像有些人利用電子郵件去辱罵他人，有可能構成侮辱罪；或是有人發簡訊或電子郵件給媒體說別人婚外情、信用破產等不實消息，就可能有誹謗問題。

網路購物的行為也衍生出一些仿冒、詐欺、偽造文書、銷

贓管道等法律問題，像我一個朋友的小孩跟我說，他在網路買名牌鞋，為了貪小便宜花了 1,500 元買到一雙假名牌，這牽涉賣仿冒品。

在〈一片公司抓仿冒比拍片好賺〉一文中，我提到為了專利權到處抓仿冒的一片公司，現在不用這麼麻煩全省跑，只要在網路搜尋，很快就可以找到仿冒者，再循線要求他們侵權賠償，網路發達反而成為抓仿冒的管道。

有關網路犯罪的處罰散見在刑法毀損、誹謗、詐欺、偽造文書等罪之中，法務部曾討論訂一個網路犯罪的法律，或是在刑法定一篇專章。由於今天擬定，明天犯罪手法就不一樣，要利用有限的文字去規範變動複雜的網路犯罪手法相當困難，因此目前尚在討論階段。

法律簡單講

1. 中華民國刑法第 358 條（入侵電腦之處罰）
2. 中華民國刑法第 359 條（無故取得、刪除或變更他人電磁紀錄之處罰）
3. 中華民國刑法第 360 條（干擾他人電腦之處罰）
4. 中華民國刑法第 362 條（製作電腦程式供犯罪之處罰）

22 行政罰法，
董事犯規照樣罰

2006年2月5日，行政罰法開始施行，法務部推動這項法律經歷十年，終於在2005年1月完成三讀。由於過去行政罰都是散見各相關法律章節，因此行政罰法立法目的，就是將過去散見各法律的行政罰，統一制定適用各類行政罰的「基本法」。

統一制定的基本法

行政罰法範圍廣闊，本文針對行政罰法對企業界的影響說明。私法人的董事或代表權人（清算人、重整人、經授權的經理）執行職務或為公司利益行為，因故意或重大過失，使公司違反行政法上義務應受處罰時，過去一般行政法以私法人（企業、公司）做為處罰對象，有人會問那董事或代表權人會不會被處罰？

按行政罰法第15條第1項規定，董事、代表權人將受同一

行政法規處罰。例如今有甲公司向主管機關申請核准投資某事業，董事張三因重大過失誤以為申請後，就可以馬上進行投資行為，所以在申請次日（主管機關尚未核准前），代表公司從事投資行為，主管機關可依金融控股公司法處罰甲公司200萬元。

不過，董事張三會不會受到處罰？依金融控股公司法規定，董事張三並非該法處罰的對象。但是，按行政罰法第15條第1、3項規定，董事張三在執行業務時，因重大過失而違規，導致甲公司受到200萬元的處罰，張三也要被處罰；只是主管機關對張三的處罰不得超過100萬元，除非是張三因為違規行為獲利超過100萬元（如120萬元），主管機關可以就張三所得利益範圍內裁處超過100萬元的罰鍰。

追繳企業不當利得

如果你因為他人的違規行為而獲利，也將被追繳。

舉例而言，證交法第74條規定，證券承銷商在承銷期間內，不得為自己取得所包銷或代銷的有價證券，若違反上開規定，依證交法第177、179條規定，處罰行為負責人取得有價證券金額以下（但不得少於新台幣12萬元）的罰鍰。因此，某乙公司的負責人某甲違反上開規定，為乙公司取得包銷或代銷的有價證券，如果依法某甲會受到主管機關的處罰，但是乙公司因為某甲的違規行為，取得包銷或代銷有價證券而獲利1,000萬元且未受到處罰，乙公司真的可以無端獲利？

　　這種因為負責人某甲的違規行為，使得乙公司無端獲利1,000萬元卻未受到處罰，顯然有失公平。

　　為了填補此種制裁的漏洞，行政罰法第20條第2項特別規定，行為人（某甲）違反行政法上的義務應受處罰，他人（乙公司）因為該行為受到財產上的利益而未受到處罰，新法可以就乙公司財產上的獲利範圍內，酌予追繳。因此，主管機關除了罰負責人某甲外，尚可以依上開規定在1,000萬元範圍內，用行政處分向乙公司追繳不當利得。

法律簡單講

1. 行政罰法第15條（併同處罰）
2. 行政罰法第20條（不當利得之追繳）

23 流浪漢當老闆，
小心有詐

別看很多遊民穿得破破爛爛的，他們可是政府登記有案的大老闆，因為他們有人掛名虛設行號的負責人，是人頭戶一大來源。同仁從辦案中發現，虛設行號的犯罪情況愈來愈多，他們也擔心，這可能會步上簡訊詐財（流行）後塵，後果嚴重。

這些虛設行號逃漏稅而不當得利的案件，表面上看來形式不同，但模式其實都很接近：（一）先收購人頭擔任公司負責人；（二）去稅捐單位買統一發票；（三）透過不同管道把統一發票賣出；（四）公司行號再拿這些發票去報稅。

2006年3月中旬爆發稅務員販售假發票的大案件，買空賣空高達數十億元，而且涉嫌到澳門多次洗錢，可見最新虛設行號的犯罪手法已經結合洗錢，因為這樣可以避免立即被人發現，檢調同仁也注意到這個最新的犯罪方向。

虛設行號的案件一多，流浪漢也就變得奇貨可居了。尤其在每年3月前後，就會有人到遊民逗留的場所去收購身分證資料，用他們來當人頭申報工資，藉此墊高營業成本。他們有的

會發放便當給遊民，遊民覺得有便當吃就好，根本不記得發生了什麼事。

集體共犯，六種分工角色

販售人頭資料的業者都是集體性的共犯，分析這些共犯結構，可以拉出六種分工的角色：（一）人頭負責人；（二）代辦工商登記的業者；（三）出面租營業場所的人；（四）負責販售發票的業者；（五）收購人頭的人；（六）幕後主使、主嫌。

從實際案例中了解，很多是透過代客記帳的專業仲介業者去賣發票（第四個角色），幕後主使者對會計、稅務有一定的知識，才能全盤掌握「源頭」、「分配」和「販售」。

一般的假發票收費標準是發票面額的6%到12%，但營業稅成本只要5%，所以可以賺到1%到7%的利潤。這些不法之徒可以從中獲利數億元。買假發票的客戶層面很廣，包括大大小小的公司，從上市公司到獨資企業，都會買這些不實發票，看得出需求量很大，所以稅捐機關防不勝防，就好像行人、騎士到處闖紅燈一樣，警察也抓不勝抓。

多年前，中部曾經發生一家虛設行號案件，涉及100多家建設公司、建築師，規模龐大，震撼中北部的建築業。

通常，這些案子只要找到源頭，案情就會像滾雪球般地發展，連很多知名的上市公司都牽扯在內，幾十家只是小CASE，200～300家也不夠看，最多可達500～600家公司。

其實，稅捐單位也很聰明，知道找出其中的關鍵人物就好，即第二個角色——代辦工商登記的業者。不過有時候，辦工商登記的業者也是被人利用的，所以就算找到掛名公司負責人的遊民，也問不出所以然，查下去就變成一樁懸案。

幫人代辦手續的業者、相關業務的承辦員，如果判斷力不夠或意志力不堅，就會助紂為虐，甚至狼狽為奸。他們應該要有社會責任，對委託人有相當的了解，不然代辦可能只賺幾千塊，卻讓委託人不法獲利上億元，所以還是別賺這種錢吧！

法律簡單講

1. 洗錢防制法2條
   本法所稱洗錢，係指下列行為：

   - 掩飾或隱匿因自己重大犯罪所得財物或財產上利益者。
   - 掩飾、收受、搬運、寄藏、故買或牙保他人因重大犯罪所得財物或財產上利益者。

2. 加值型及非加值型營業稅法第10條
   營業稅稅率，除本法另有規定外，最低不得少於5%，最高不得超過10%；其徵收率，由行政院定之。

24 職業股東鬧場，
檢警給你靠

　　初夏一到，艷陽露臉，溫暖大地，生氣盎然，這時候也是各大上市（櫃）公司盛大舉辦股東會、對外展現亮麗成績，股東拿到股利笑呵呵的日子。不過，公司負責人可能擔憂，股東會可能有職業股東出現。

踢館戲碼，模式固定

　　1996年就有職業股東，他們在股東會上利用議事規則發言，阻撓會議的進行，或玩公司法、會計準則等藉機指責公司的帳不清、被掏空或有不法情事，來達到自己的目的。例如要求金錢報酬、承攬公司的股東會禮品或其他生意，或是要明牌（內線消息）、介入公司經營當董事等。

　　過去就有一家上市公司的職業股東在股東會鬧了一上午，把現場搞得「很不好看」，只是為了爭辯「開會之前要不要唱國歌？」旁邊還有黑衣人現身，這件事後來交由檢警調偵辦。

又有家電子公司的職業股東，在股東會發言指公司董事長的婚姻問題造成股價狂瀉，讓他下不了台。

更有名的例子，曾有幾個股東一起出席股東會，另外帶來一群人在會場外面等，讓公司高層備感威脅、騷擾。幾個股東就在會中強力發言，指責公司經營不力，事後要求分配利潤。後來案子進入法律程序。

不同「掛」的職業股東間會合作，在股東會上採取輪番發言、集體作戰的方式，砲轟公司產品不好、行銷不力，或因為客戶產生呆帳等。其實說的都是公司經營常見的狀況，但用這種「車輪戰」的發言法，也會讓公司老闆招架不住。

職業股東有固定的操作模式，他們會事先去找公司經營者，告知他們即將「上演」的股東會「戲碼」，由於事關公司面子和個人威望，很多經營者都會息事寧人、委屈求全地接受他們的條件。這些發生在檯面下的事，外界都看不到，也不知情。

鬧完股東會後，職業股東又會直接或間接地跟公司高層表明「我在會中只是點到為止」來示好，如果公司不接受他們的條件，「明年會更難過！」不然，就是在股東會中先適度提出公司對外併購方式有瑕疵，預留伏筆，會後再依法律方式撤銷股東會決議，讓公司的顏面盡失、影響經營者的權威感。

正派經營，防微杜漸

相對一般股東，職業股東人數少、持股低，但聲音大，每

年都到公司的「大場合」踢館。面對這些「一元股東」（持股很少的股東），公司負責人都是恨在心裡又不便說出口，認為公權力不彰，因此不少董事長自行退為「總裁」，不必再站上「火線」面對他們。

這樣的事實非常令人擔心。法務部曾以掃黑方式辦過職業股東，近年，也很少看到穿白布鞋的黑衣人進入股東會。不過，仍有人利用法律的灰色地帶。

為防範職業股東干擾股東會進行，在此要籲請上市公司負責人正派經營，察覺風吹草動，立刻與檢警調聯繫，且注意召開股東會的保全措施，必要的話全程錄影，以及事先了解該公司有無職業股東的存在。

2006年起，我也指示規劃新的偵辦方向，包括事先查訪公司有無需要協助，以及幫忙全程錄影，最後一步才是事後偵辦。

法律簡單講

1. 民法第56條（總會決議無效之宣告）
2. 公司法第186條（股份收買請求權）
3. 公司法第189條（決議之撤銷）
4. 公司法第170條（股東會之種類及召集期限）

25 不懂法律，
　　大股東變小股東

　　很多人都喜歡投資理財，但投資理財有其「眉角」（台語），老實說，沒有你想像中簡單；因為不諳法律規定，賠了夫人又折兵者所在多有。

公庫私用，小心觸法

　　有人投資財團法人，像是辦學校、蓋廟或成立基金會，目的是做為避稅、節稅的管道，但他把財團法人當成私人的「蓄水池」，誤以為口渴隨時可以取水喝，結果發現水都流到公家自來水系統去，變成只能偷水來喝。

　　財團法人以財產為構成要件，財產屬於財團所有，私人不能取回，所以有不少付出後卻拿不回利益的人就會開始用一些手段，例如變相用各種名目要回自己投資出去的財產，這種行為可能構成犯罪。

　　有人就在財團法人基金會中給自己一個職位，月領10萬，

但根本沒去上班。家裡生活費都從基金會支出，或者對外包工程給關係人，極盡掏空、洗錢之能事，不知不覺就構成詐欺、侵占和背信罪。

所以我勸大家，投資成立財團法人是做公益事業，把財產挹注給財團法人之後，千萬不要達到了節稅目的，卻又做一些可能違法的事。

曾發生某基金會的董事被他人技術性換掉，進而取代之的事，這種例子也很多。像有錢父母出資幫第二代成立基金會，找名人來背書，形成年輕的第二代當董事長，名人當執行長。但擁有專業的人可能較強勢，或者老練、霸道，結果董事長反而被執行長領導；出資的人變成弱勢者，弄得一身氣。

再以私立學校為例，如某大家族開辦的學校，校長或自家人因故沒有出席董事會，結果其他董事聯合起來把校長換掉，也是落得一場空。

交叉持股，丟掉經營權

現今企業常藉由交叉持股來擴大事業範圍或沾名氣，其持股狀況可用「盤根錯節」來形容，但「功夫不夠」或「手法不佳」的人，很可能被別人吞掉持股。

舉例而言，小公司甲與大公司乙談好交換股權，但乙公司答應甲公司的同時，要求其讓出經營權，結果原經營階層全部被換掉，最後「大魚吃小魚」，甲公司幾乎等於乙公司的一部分。

　　乙公司還可能進一步讓甲公司「虛胖」，利用增資，讓資金不足、無法出資的甲公司負責人持股因此變少，馬上從大股東變成小股東。這是國內幾家企業都曾發生過的事。

　　最近陸續發生公司董監事改選，爭奪經營權的案例，以某金控公司全面改選董監事為例，公股與民股進行經營權拔河比賽。由於民股掌握經營權，怎樣大量影印股東名冊，或是如何發放紀念品，外界難以窺見或知曉。而公股雖積極展開徵求委託書作業，卻處處遭受該金控公司「技術性」干擾，公股不但尋求閱覽股東名冊受阻，連受領紀念品，也遭對方刻意拖延，一點辦法也沒有。

　　難怪，有公股代表氣憤地指出，「數年前，公股與民股共同徵求委託書，彼此合作很愉快，如今民股掌握經營權，擺明不理會政府的態度，吃相難看啊！」「當初聯合徵求委託書時，民股一毛錢未出，都是公股埋單，花費一、兩百萬元。」「當初公股將民股引狼入室，如今自食惡果。」

　　因此，投資理財，可不能只是跟著感覺走，法律的規範是重要的理財基礎，更是不可忽略的議題。不諳法律將使投資風險提高，投資人一定要了解，法律是制勝的必備工具。

法律簡單講

1. 民法第27條（法人之機關）
2. 民法第44條（法人賸餘財產之歸屬）
3. 民法第60條（捐助章程）
4. 所得稅法第4條第13款（免納所得稅規定）
5. 加值型及非加值型營業稅法第8條第1項第12、13款（免徵營業稅規定）
6. 印花稅法第6條第14款（免納印花稅規定）
7. 娛樂稅法第4條第1項第1款（免徵娛樂稅規定）
8. 土地稅法第6條（減免規定）
9. 房屋稅條例第15條第1項第1、2、5、10款（免徵房屋稅規定）
10. 使用牌照稅法第7條第1項第7款（免徵使用牌照稅規定）
11. 關稅法第49條第1項第5、6款（免稅規定）
12. 中華民國刑法第335條（普通侵占罪）
13. 中華民國刑法第336條（公務公益侵占罪、業務侵占罪）
14. 中華民國刑法第339條（普通詐欺罪）
15. 中華民國刑法第342條（背信罪）

26 董事不懂事代誌大條

現在法律資訊透明度很高,公司董事參與董事會表決事項,該負什麼法律責任,大家也有認識,但有人簡單地想:「我不去開會不就得了,就算開會開出什麼大紕漏,也沒我的事。」不過,我要提供更嚴謹的思考,就法言法,公司法對於這種「不作為」雖無處罰規定,但董事不出席董事會是否盡到公司法所謂「善良管理人的注意責任」,仍有討論空間。

缺席董事會,怠忽職守要負責

我看過一個案例,有家公司經營不善,虧損1,200多萬元,股東聯合起來告公司董事,要求沒有開董事會的兩名董事負起賠償責任。他們是根據民法中「委任契約」精神,主張公司五名董事是由股東選出被委以大任者,就要忠於職守,結果其中兩名董事沒去開董事會,怠忽職守。基於「債務不履行」法理,要求沒去開會的兩名董事賠償損失。

股東說，如果這兩名董事當初有參與董事會決策討論，就不致讓另外三名董事在開會時「胡搞瞎搞」，造成公司虧損。暫且不管開會的三名董事責任為何，缺席的人就是要賠償。

那兩名董事出庭時，一開始還振振有詞，口氣很兇地為自己辯護，但多開幾次庭後，自知法律上站不住腳，所以心也虛，理也不直了。我看這兩名董事也不懂這方面法律，勸雙方和解，最後他們「意思意思」拿出70萬元賠給股東。

公司法規定，董事有出席董事會的義務，因為董事會有重大決議時，不足人數將造成流會。如果未能親自出席，就要委請他人代理。另要提醒，公司監事也是一樣。

出席董事會，決議不當要賠償

開董事會時，董事不但不去不行，去了也要小心。依公司法規定，董事會執行業務須照法令、章程和股東會決議，如果決議結果造成公司損害，參與決議的董事須負賠償責任。

有一案例，當時中東地區發生戰爭，某公司股東會決議不做中東地區生意；但董事會認為，發生戰事反而有生財機會，就出貨到中東去交易，結果3,600萬貨款收不回來，股東就要求董事會負起全責。

也有人質疑，如果董事投的是反對票，難道也要一起對通過的決議負責嗎？公司法有規定，表示異議的董事提出會議紀錄、書面證明，就可免除責任。

很多人不知道新的法令責任──行政罰法，它有特別規

定，公司董事執行職務，或為公司利益，以致被處行政罰，個人也要跟公司負連帶責任。例如董事開電動玩具店，卻違規擅自變更電玩機種和級別，公司被縣市政府罰50萬元，董事也要被罰50萬元。

另外，公司法和證券交易法都有競業禁止條款，如果公司負責人有其他跟公司類似業務，所賺的錢將被強制收回為公司利益。有一個家具工廠負責人，他家裡也在賣家具，後來股東就要求他將家裡賣家具賺的錢全部「利益回歸」。

不過，現在很多上市科技公司負責人似乎都不避諱，像英吉利公司負責人居然身兼「小英」、「小吉」和「小利」等相關業務的子公司董事或負責人，美其名是策略聯盟，但仍要特別注意法律方面風險。

既然公司董事須受這麼多法律規範，那麼要不要當董事，你得全方面思考，先「惦惦」自己斤兩吧！

> ### 法律簡單講
>
> 1. 公司法第23條（負責人之侵權行為責任）
> 2. 公司法第193條（董事會執行業務依據及責任）
> 3. 公司法第209條（董事競業禁止與公司歸入權）
> 4. 民法第535條（受任人之依從指示及注意義務）
> 5. 公司法第205條（董事之代理）
> 6. 行政罰法第15條（併同處罰）

27 公庫通私庫，
小心背信罪

近年辦案人員發現，企業界負責人因為法律觀念不明確，在財務危機處理上，常出現私人戶頭通公司財庫的現象。舉例而言，有家族企業的董事長在國外收了一筆80萬美元的帳回來，覺得把錢匯到公司的帳戶再提領出來很麻煩，便直接存到太太的戶頭，隨時可用。公司後來經營不善，債權人要追回這筆錢，就控告他侵占。

家天下觀念過時

被告公司董事長辯稱他開的是家族企業，因此錢要怎麼用，干卿底事。事實上，公司的財務和個人是各自獨立的，例如把錢給子女，就變成子女所有，怎麼還能說是自己的？

又如，老闆的小孩打電話到公司說電腦壞了，老闆就交代總務把公司的電腦運回家給小孩用；小孩到國外念書，請會計把公司的資金換成美元匯到海外；家裡的沙發壞了，隔天一早

請公司總務重新買一套等，不勝枚舉。

　　二十年前，同仁辦了一個案子，某國外總公司派人到台灣成立不久的公司查帳，發現有一筆10萬元的不明支出，公司負責人對此交代得支支吾吾，查帳的人於是去告負責人侵占。

　　這個被告是個外國人，原來，他來台灣「入境隨俗」，用這10萬元送春節禮物給公務員，但不敢明說。因為公務員不當收受財物有風紀或貪瀆問題，所以他出庭好幾次，欲言又止，最後不得已說出來，總公司改告他背信。

　　以前，有個商界聞人主持某投資公司，有天，他父親的公司資金有困難，他基於孝心，指示公司會計匯款數千萬給父親應急，後來沒辦法還錢。有家銀行剛好是公司股東，告其背信，幸好訴訟過程中把錢還清，後來判緩刑。

　　有家知名公司老闆，交遊廣闊，為人四海。有天，友人向他借錢買土地，他認為沒什麼不好，就由公司借出2,000萬元，又向關係企業調來1,500萬元，分次給友人。後來，公司扯入某個弊案，司法人員以帳追人，才查出這個案外案，最後以背信罪起訴。

留意民、刑法限制

　　很多公司負責人可能以為拿錢助人應急是人之常情，而且公司股東也不至於「不上道」吧，所以就指示會計用公司的錢去處理私人的事。但他們動用公司資金，未經董事會同意，公司也沒授權他們處理，因此就構成背信罪的要件。

其實，公司法對公司資金的運用有明確規範，原則上不得將資金貸給股東或任何他人，除非公司或行號之間有業務往來或有短期融通的必要，但融資金額也有一定限額，否則有民事責任，必須與借用人負連帶償還責任。如果公司受到損害，還要負損害賠償責任。以前未修法時，更會構成刑責。

公司經營階層對於公司財務調度，應留意法律規定、股東會決議、董事會決定，以及有無超過授權範圍；換句話說，除了注意稅務上的規範，也要特別小心民、刑法上的法律限制，以免誤觸法網。

從種種的實例可見，有的人是認為方便，有人則貪圖便宜，但這些行為在法律上都站不住腳。像老闆請祕書用公款去買咖啡這種小事，如果跟業務扯不上關係，也要評估一下法律尺度。勿以為事小，小事也會有法律問題。

> ### 法律簡單講
>
> 1. 中華民國刑法第335條（普通侵占罪）
> 2. 中華民國刑法第342條（背信罪）
> 3. 公司法第15條（業務與貸款之限制）

28 總裁無法律豁免金牌

　　許多企業的最高領導人愛用「總裁」名稱，電視八點檔大戲也常見有關集團總裁的情節。人稱「總裁」，似乎都能展現相當權威性，也給外界事業龐大的印象，行銷上就會產生震撼力，看似說不盡的好處，以下例子可以說明：

　　十多年前，兩家公司規模差不多的老闆餐敘時，甲公司老闆煩惱地說自己貸款困難，請教乙公司老闆為什麼資金調度這麼順利。「要用點技巧啊！」乙老闆大方透露，只要多成立幾家子公司，把自己躍升為總裁，銀行看到這些無形的信用資產，就會增加放款意願。甲老闆頓時明白，原來「總裁」這招這麼好用，也如法炮製。

　　以前，某公司負責人被控仿冒，警察傳他說明，檢方也接手偵辦，起訴後進入冗長的訴訟程序，嚴重影響他對公司的經營，因此感到很困擾。公司的企管顧問於是建議他「升級」為總裁，不要再用董事長職銜，這時他也發現到「總裁」的妙用，以後就不必為公司訴訟案件出庭了。

其實，「總裁」這個名詞是近二十年才出現的，現行法令並沒有「總裁」用語，不過，若是有人想藉「總裁」身分來逃避法律上的責任，也不見得都能如願。

總裁也須承擔法律責任

有的「總裁」不愛名，身為公司第一代創業者，功成身退，別人尊稱他一聲總裁，但他本人既不決策，也不參與經營，是不管事的「太上皇」，實質上就是股東，所以法律責任較單純。

有的「總裁」則是實際的決策者，公司董事長另有其人，但只是他找來掛名的傀儡。由於總裁不是公司法明定的負責人，所以公司法的責任還是落在董事長身上，但是如果公司有違法情事，依民法規定，身為總裁可能也要負「共同侵權行為」責任。

另外，由於侵占和背信的法律要件，不以公司負責人為限，只要是「接受委任，為公司處理事務」的人，包括總裁，如果做出違背任務、損害公司權益或者侵占公司款項，也都會構成背信或侵占罪。這時候，掛名的董事長若沒有參與犯罪行為，反而沒有成立罪名的問題。

不過，有些公司董事長也不是單純掛名，而是有總裁的授權；平常，大事由總裁決定，小事就交由董事長判斷。這時候，當董事長的人就要小心了，如果總裁下條子給董事長，要他處理如違法挪用資金的事，可能被視為「共同正犯」。

　　不少總裁都是實際處理公司業務的人，公司對外若涉及犯罪，例如仿冒、侵害商標權等，本身也會有事。所以，想用總裁來逃避法律責任，有時候是事與願違。這一點，必須要「點破」。

　　凡走過必留下痕跡，從公司文書處理作業、資金往來資料或開會紀錄，都有跡可循，且法律是以處理事務或參與決策與否，做為有無法律責任的基準，就算把「總裁」改為「主席」或「總理」也一樣，給人的好感度或許有加分效果，但在法律上的評價都是相當的。

> **法律簡單講**

1. 公司法第8條（公司負責人）
2. 商業登記法第9條（商業負責人）
3. 民法第185條（共同侵權行為責任）
4. 刑法第31條（共犯與身分之關係）

29 防範產業間諜五部曲

幾年前，韓國檢方調查，有台灣半導體公司涉及侵害韓國公司的技術、竊取他們的機要祕密，因此提出追訴，在電子業界備受關注。由於近幾年來發生不少跨國的智財權訴訟案，全球高科技業者已經意識到這類問題的嚴重性。

以前只有軍事間諜，很少有產業間諜，但隨著現代企業員工流動性高，以及大量以電腦軟體儲存等因素，為商業間諜提供絕佳環境，威脅公司營運。

以四種形式出現

產業（商業或經濟）間諜，即竊取他人工商祕密，做非法使用者。工商祕密涵蓋金融、商業、科技或工程等資訊。以過去發生的實例分析，產業間諜約以四種形式出現或操作：臥底、策略合作、迂迴或直接挖角。

甲廣告公司派年輕員工到競爭對手乙公司去當暑期工讀

生，以了解對方的創意產生過程。又有丙公司和丁公司以策略聯盟的形式或實際的企業合作來交換技術，但丙公司卻用次要、不成熟的內容去換取機密技術，等丁公司發現，為時已晚。

近來，由於現成企業內容作業均電子化，大量資料儲存在電腦裡，駐點的資訊維修人員，很容易就拿到這些內部資料，結果成為產業間諜，以侵入式的軟體程式演出「木馬」屠城記。

挖角也成為企業操作產業間諜的方式。舉例而言，某藥商研發新藥過程出現瓶頸，得知另一家藥商握有這項專業研發技術，因此挖角對方重要人員，要求技術連人一起「陪嫁」。

以五步驟防範

因此，企業防人之心不可無，預防之道則不外乎「五部曲」：注意求職員工的背景資料；晉用新人前深入面談；與錄取員工簽訂保密契約書或競業條款，並強調法律後果；密切注意員工進公司工作之後的動態，有無異常上下班等狀況；甚至在員工離職後，馬上主動了解其後續發展。

一旦面對產業間諜問題，第一個可以適用的法律是營業祕密法，對祕密的內容、保管的義務，以及法律的保護、救濟都有詳細規定，只是實務上大多是馬上處理、當場制止。另外，依公平交易法，產業間諜行為有違公平競爭，因此也可以此要求保護和賠償。

可委託律師要求主管機關提出「禁止行為」。

　　扮演產業間諜的個人或組織，單單一個行為還會產生數個刑法上的犯罪問題，除了因為不法取得物品涉及竊盜罪、詐欺得利罪、侵入住宅罪，如果是公司職員，還有侵占、背信或洩密罪嫌。

　　實務上，律師都會建議企業控告產業間諜，要求其賠償，但技術上有許多地方要克服，時效上可能也來不及，最可能是雙方當面都找律師來談，更高明的律師則會要求主管機關提出「禁止行為」，例如要求國貿局、海關禁止出口。

借鏡先進國家法規

　　目前我國相關法令未有效解決產業間諜問題，不能保護相關高科技的研發技術和知識。為了阻止類似問題不斷發生，法務部法律事務司也著手研究美國等先進國家的相關法規，可能草擬產業間諜處罰法。

　　俗話說：「無奸不成商」，商場上為求生存獲利，難免竭盡所能，產業間諜也因應而生，但並非合法、光明手段，很容易因為違法而損失名譽、人才，以及面臨求償問題，賠了夫人又折兵。

> ## 法律簡單講

1. 營業秘密法第1條（立法目的）
2. 營業秘密法第12條（損害賠償請求權及其消滅時效）
3. 公平交易法第19條（限制競爭或妨礙公平競爭之行為）
4. 公平交易法第36條（罰則）
5. 公平交易法第41條（罰則）

30 成立關係企業避免虛胖

　　關係企業存在的原因有二:有人好名,覺得成立關係企業「很好看」,便於行銷,也增加顧客的信賴感,所以連一般茶葉、健康食品、珠寶商也有關係企業;有的則是基於事業版圖擴張的必要,屬於正派經營。

關係企業類型多

　　關係企業的類型多:有的是同質性事業,像食品業又分成生鮮、罐頭、速食公司,目的在增強競爭力、欲在市場上撐起半邊天;有的則是多角化經營,例如賣鞋的擴張到金融業、搞建築的又跨足文化事業;現在也流行水平或垂直整合。

　　另有脫法的行為,即表面合法,但實質違法的關係企業。2005年,某大塗料公司為順利在大陸轉移產業,在海外維京群島設境外公司和香港子公司,藉此間接轉賣資產,二十年間成功地將原料、技術移到大陸的企業體,債留台灣,前進大陸。

　　關係企業從事不法勾當，最常見的例子是詐騙集團。為了取信於眾，偷雞前先蝕把米，將詐得的資金在關係企業間相互流竄，讓人誤以為有實質經營績效，廣告紙張也印得精美。

　　社會上認為，企業之間有關聯，就是關係企業，例如同一家族、同一批股東或同一人開的公司。其實，法律對關係企業有嚴格定義，就是彼此相互獨立存在，但有控制或從屬關係，或相互投資的企業。

　　所謂控制或從屬關係，指的是「持有的控制」，如甲公司占有乙公司一半的資本、股權，如同乙公司的「血和肉」有一半是甲公司的。另一種是實質控制，可以掌控它的人事、財務和業務經營，即乙公司聽令於甲公司。

　　第三種是「推定控制」，彼此董事有半數相同，或有半數的股東相同，而且持有公司一半的股權。上述「傾斜式」外，還有「平等式」的控制從屬關係，即相互投資、互為控制的企業，也就是交叉持股，各占股數或資本額的三分之一以上者。

成立關係企業的利與弊

　　關係企業有它的優點，但也有它的問題。由於利害與共，又對投資者和社會有一定影響力，關係企業其實非自由之身，反而有更多法律上的限制。例如控制與從屬公司間做不合常規的交易，大吃小，把快要過時的電腦設備賣給從屬公司時，應提供適當補償。關係企業間財務、法律行為必須公開、透明，在每一個會計年度的營業報告和財報中呈現出來。

政府採購法規定，政黨的關係企業不得參與投標；承辦專案管理廠商和供應商不得同時是關係企業。銀行為同一關係企業的授信總額度，不得超過一定比率。上市櫃公司關係企業之間更嚴防內線交易，買股護盤的情事。稅法上，也必須揭露關係企業（關係人）的事實和資料。

因此，要成立關係企業，有以下幾點提醒：首先，考量必要性，因為在交叉持股的情況下，股權遭到稀釋的母企業，可能從主角變成配角、再變觀眾，舞台反而愈來愈小。關係企業適用的法律規範，恐怕也限制了對事業版圖調整的彈性。

第二，公司法對不合常規交易和不利益的經營要求嚴格，訂有損害賠償責任，事涉社會交易秩序安全，你不能以為把「東西」倒給關係企業會沒事，你本想利用關係企業做為「洩洪區」，以為儲水後可慢慢洩出，但可能事與願違。

第三，關係企業間的董事彼此重疊，董事的責任更重。

第四，關係企業間資產的移轉、資金的調度，不注意以高價買賣或有借無還時，易被人認為是侵占或背信。

關係企業的世界，並非想像中完美，最好依自己的實質需要衡量，不必「虛胖」，免得落入既不中看又不中用的窘境。

法律簡單講

1. 公司法第369條之1（關係企業之定義）
2. 公司法第369條之2（控制公司、從屬公司）
3. 公司法第369條之3（控制與從屬關係）
4. 政府採購法第38條第1項（廠商投標限制）
5. 銀行法第33條之3（主管機關對於銀行授信之限制）

31 維護企業名譽，
法律當後盾

　　日本、台灣都發生過千面人事件。台中地區曾有歹徒在某提神飲料中下毒，造成無辜死傷，所幸警方很快破案。企業蒙受很大傷害，因為消費者對這個產品產生畏懼，心中有陰影，購買力隨之下降。企業只好將商品下架，花心血強力行銷，才扭轉頹勢。所以，一般企業對此深惡痛絕。

破壞企業形象花招百出

　　曾經在學術網路上，流傳某知名品牌衛生棉有蟲卵、女性子宮被吃掉一半的消息，引起廣泛討論。這家知名品牌公司非常緊張，還好後來有婦產科醫師澄清，蟲蟲做這種事簡直是「不可能的任務」。

　　又有報紙以特大標題報導，某食品公司跳票30多億元，關門大吉，影響數十家廠商。食品公司控告報社，報社被判有罪。法官認為，報社未經合理查證、未平衡報導，而且內容與

事實真相有極大出入，因此構成妨害名譽罪。

仲介公會的一名候補理事，用電子郵件指責某家仲介公司有黑道背景、與黑道分子往來密切，希望大家不要支持那家公司。雖然他自認講得有憑有據，但被害公司控告他，且提出堅決證據予以推翻。

兩家鞋店的同業，生意競爭激烈；甲店感到非常不滿，趁乙店舉辦三天員工自強活動，去店門口噴漆，指其「已倒店停業」。乙店老闆在旅遊途中接到許多顧客為此來電查問，他還半信半疑，沒想到回來一看，果然屬實，氣炸了。

綜合來談，事實上還有很多類似的狀況，例如在報紙登廣告，指責健康食品沒有療效；透過民代召開記者會，以消費者現身說法的方式，指出產品沒有傳單所說的功效；或有作者在書中指涉某企業負責人運用五鬼搬運法，巧取豪奪，併購他人公司；還有人在電視節目上指責別家商品有瑕疵，要使用者別受騙；或者傳播流言，說公司經營不善，即將周轉失靈，因此影響公司的債信形象；或以侵害著作權、專利權、商標權的方式，仿冒他人商品，也會使他人企業形象受損。

正面回應破壞名譽者

對於影響企業形象的事例，若是事實，企業自己要檢討，才能重建外界信心，當然也要負起相關責任，若造成別人健康危害，還要負起傷害責任。

若是屬於指責，消息不正確，企業則可以對侵害其形象、

名譽的人，採取某些措施，像是運用保全程序，如假扣押、假處分；或者用禁止性質的文宣、媒體廣告；回復名譽的處分，如登報道歉；要求損害賠償；告其妨害信用、妨害名譽。

企業的名譽，靠著點點滴滴、一步一腳印累積出來的良好形象支撐，形成使用者的消費信心，更是行銷的利器。因此，對這種破壞名譽者，態度上應正視、正面處理，不要不以為意，否則可能產生後遺症。

為此，很多企業都很重視名譽的維護，遇到危機，第一時間會出面說明，化解外界疑慮，有必要時也積極運用法律手段，採取民、刑事的追訴程序，以確保企業的生命。

法律簡單講

1. 中華民國刑法第310條（誹謗罪）
2. 中華民國刑法第313條（妨害信用罪）
3. 民法第184條（侵權行為之責任）
4. 民法第195條（侵害他人身體健康名譽等之損害賠償）
5. 民事訴訟法第522條（聲請假扣押之要件）
6. 民事訴訟法第532條（聲請假處分之要件）

32 輕忽法律風險，
當心問題上身

　　企業對風險管理這一塊都不敢掉以輕心，尤其愈有制度和規模的公司，都把它當成企業經營的一大重點工作。不過，對於法律上的風險管理和認識，各企業的重視程度不同。從具體案例看出，沒有法律風險的概念而飽受困擾者為數不少。

　　例如有廠商訂契約時，對違約條款不在意，對方開價的違約金高達5,000萬元，因自認不會違約，就簽了，結果發生意外狀況；也有簽訂跨國契約者，認為雙方都很上道，不至於發生仲裁，就訂一個在美國仲裁的條款，後來出事，光律師費、機票錢就所費不貲。

　　某土地開發案件，由地主、建商、規劃人員三方合作，出土地的企業沒注意到地質的變化狀況，很爽快地答應全數負擔探勘、鑑定費用，沒料到那塊土地狀況特殊，導致案子沒成功，卻白費近2,000萬元的資本。

　　科技公司新聘職員，但卻忘了簽訂保密條款，結果員工離職後成了產業間諜，眼睜睜讓競爭對手坐享其成。

做好法律風險管理

所謂法律風險管理，可以預防糾紛、掌握變化，有利於調整步驟，降低風險，不至於傷害企業體質。其重點如下：

以公司組織而言，到底成立子公司或分公司較妥？該不該與其他企業做策略聯盟？董事長要不要升格為總裁？回答這些問題之前，都要先了解法律實質內涵，包括獨立董事在公司的角色、員工分紅制度，都要有深入的評估和決策。

就員工管理、責任來說，現有的勞工法令對勞資關係有明確規範，要創造多贏、和諧的局面，應善加利用勞動契約、工作規則、調職模式和資遣方法，讓員工有合理又溫暖的感覺，願意與公司成為共同體。正面思考遠比負面防賊的效果大。

對於員工的創作結晶，公司可能要注意智慧財產權的歸屬問題，以免員工跳槽時，叫苦連天。另外，對於管理「流動資產」的同仁，如出納、管理物料或司機，要提醒其法律責任和非忠於職責的違約處罰。

產品銷售責任方面，要考量製造者或銷售者的責任不同，可參考消保法、公平交易法和民法有關產品買賣、交易和服務的責任。

若怕買賣收不到錢，出手前要先了解其債信狀況。曾看過沒有對互動廠商做徵信而鬧到啼笑皆非的例子：零組件業者把東西賣給汽車製造商，對方竟以售價5萬元的機車抵帳，經鑑價只有四成五的價值，就算賣掉也只能拿到六成，因此零件商氣炸了，找對方理論，沒想到對方辯稱，一般情況都只還三成

債，還四成五已經不錯了！這就是未事先徵信，而被賴帳。

過去還有不肖電腦業者向各家廠商叫了一大堆貨，突然連夜「大搬家」，連個影子或人頭戶資料也沒有，廠商拿到的全是芭樂票。

另外，應防範突發事件引起的風險，例如勞工安全問題等法令問題。有建設公司工地發生人命，被迫停工，延誤房屋銷售時機，影響資金周轉。這些意外，可能要做好安全防護措施（歲修、各項檢查）和保險。

在全球化浪潮下，企業求新求變，法律風險管理是必須考慮的主流價值。國際化的公司，法律風險管理較扎實，問題不多，反而是國內本土公司沒有這樣的觀念，像金控發生併購不法問題就是一例。總之，事前的法律規劃很重要，不致發生狀況才要做法律診斷，甚至還要上「手術檯」。

> ## 法律簡單講
>
> 1. 公司法第3條（公司之住所）
> 2. 企業併購法第4條（用詞定義）
> 3. 公司法第369條之1（關係企業定義）
> 4. 著作權法第11條（著作權歸屬）
> 5. 民法第191條之1（商品製造人責任）
> 6. 民法第354條（物之瑕疵擔保責任與效果）
> 7. 勞工安全衛生法第27條（主管機關及檢查機構之檢查及處理）

33 一片公司抓仿冒
比拍片好賺

　　有一種公司叫「一片公司」，顧名思義，就是一年發行一、兩部電影，然後僱用幾個懂法律的員工全台抓盜版，譬如抓到一家賠50萬元，如抓到30家，就有1,500萬元進帳，比拍片、賣影片還好賺。況且盜拷人自己有錯在先，通常是息事寧人心態，被逮到都願意和解。

定額賠償，案例漸增

　　仿冒的行為不僅侵害原著作人的權利，而且嚴重影響台灣的國際形象。遭仿冒的被害人有兩種求償管道，依著作權法第88條，一是「實際損害賠償」，由被害人自己舉證損害；一是「定額賠償」，就是被害人不易證明損害時，可請求法院依情節酌定1萬到100萬元的賠償。

　　實際損害賠償較難證明，像盜版光碟，你如何證明他盜拷幾片光碟？對受害公司造成多少營業損失？近年來，侵害智慧

財產權要求賠償快速，尋定額賠償管道的企業有增多趨勢。

　　定額賠償的實例之一，積體電路布局保護法相關案件，由於半導體積體電路很難證明其損害，法官可酌定500萬元以下的賠償。其實半導體關鍵的技術被仿冒，市場占有率可能巨幅減少，影響公司整個營運。

　　另一種是專利法第85條的定額賠償，以銷售該項物品全部收入視為所得利益，例如賣一台工作母機要價8萬元，該機器雖只仿了某一零件的專利，但是只要根據出貨單證明他賣了幾台，就以銷售所得做為全部損害賠償。

　　其他如商標法第63條，侵害他人商標權所得利益，以銷售該項商品全部收入為所得利益。若查獲侵害商標權的商品，法官可按零售單價罰500倍到1,500倍賠償。舉例來說，仿冒某項商品商標零售價是400元，若被查獲1,000件，就要賠償40萬，對仿冒者有嚇阻效果。

　　事實上，定額賠償對被害人有利，加害人自然心生警惕之心，而且拿到口袋最實在，被害人與其要求舉證其損失，不如選擇定額賠償。要提醒的是，侵害著作和商標都有刑責的問題，除了民事賠償外，還可能要坐牢，真的是得不償失。

　　汐止某家製作光碟的公司，當時爆發璩美鳳光碟事件，就是這家壓片的，不僅在台灣銷售，還賣到美國。我派檢察官去查緝，最後具體求刑四到五年。另一案例，是2001年我在台北地檢署檢察長任內，在桃園查獲跨國仿冒電腦軟體集團，美國看到我們查緝仿冒的決心，還特地把台灣從301觀察名單中剔除。

法國經驗，買家照罰

像法國政府，海關對購買仿冒品的消費者處罰零售價格的三倍，國內仍是罰製造商，不罰消費者。未來考慮國人接受的程度，再借鏡法國的案例，可對購買者處以行政罰。

由查緝仿冒得知，一般都是離職員工成立新公司生產和原公司一樣的產品，所以公司遭仿冒要留意離職員工。仿冒的人都很會狡辯，但千辯萬辯都不離基本面，也就是仿冒別人的技術圖樣，大都提不出合理解釋。

法律簡單講

1. 著作權法第88條（損害賠償責任）
2. 著作權法第91條（罰則）
3. 著作權法第100條（告訴乃論）
4. 積體電路布局保護法第30條（損害之計算）
5. 專利法第85條（損害之計算）
6. 商標法第63條（損害之計算）
7. 著作權法第91條至第96條之1（罰則）
8. 商標法第81條、第82條（罰則）

---

34 建物商標權非無限上綱

2006年2月，我看到台北101大樓發生商標爭議的新聞，台北101大樓方面主張不能未經同意就使用101大樓造型，否則要收權利金；也願意就具體情況交給司法機關認定，不排除告上法庭，使得經濟部智慧財產局也跳出來講話。

我認為這是一個很好的社會教育案例，剛好提出一個大家忽略的東西：原來建築物也有商標權和智慧財產權。

建物擁有商標權和智財權

建築物可主張的權利分兩種：一是登記註冊的商標，商標在我國採登記主義。二是本身就享有智慧財產權，智財權在我國採創作主義。我國在1993年修訂商標法，引進立體商標制度，台北101大樓是第一個註冊的建築物立體商標。

商標法第1條說明訂定的緣由，是「為保障商標權及消費者利益，維護市場公平競爭，促進工商企業正常發展。」像台

北101大樓這次商標爭議，智慧財產局跳出來講話，主要考慮到公共利益，因為商標權利不能無限上綱。像一般人拍照把建築物、地標入鏡，算是合理的使用範圍。

根據法務部統計，2005年，我國各地方法院檢察署處理的案件中，違反商標法的新收案件有2,962件，偵察結終案件也有2,877件，判決確定者約1,374件。案子非常多。

判斷侵犯商標權與否，要看是不是屬於合理、善意的使用，這牽涉到動機、使用目的和對商標的影響程度。否則，如果讓別人一直使用我的商標，我的商標的法律價值就會減低，而別人因為使用我的商標賺錢，我當然要收一點錢。

商標侵權糾紛可私下和解

不過建商使用地標的照片作宣傳，從某些角度，其實大家可以相得益彰，例如有高檔豪宅產品在廣告宣傳品中刊登台北101大樓的照片，這時候兩者的「相容性」就比「相斥性」要強，反而可以互蒙其利。

依商標法第23條第13項：「有致相關消費者混淆誤認之虞者」，是判斷侵權的一個標準。像建築物造型的模型已經註冊在玩具類別，如果第三人未經同意就生產、販售相同或類似模型玩具，讓消費者混淆、誤認是原註冊公司生產或同意製造的，就可能侵害到商標權。

一般人如果不了解，可以利用上網查詢，看看是否該商標有申請註冊，如果擔心使用該商標的結果將損害到商標利益，

就要自我限縮，或事先經過商標所有權人的同意再使用。

　　一般人可能不知道，因為商標侵權發生糾紛而有民事賠償問題時，其實是可以私下和解的；或者透過調解機制（著作權也可以）協調；最後一個萬不得已的辦法，才是訴訟。

法律簡單講

1. 商標法第2條（商標專用之註冊）
2. 商標法第5條（商標之範圍）
3. 商標法第30條（不受他人商標權之拘束）
4. 商標法第61條（侵害之排除及損害賠償）
5. 著作權法第10條（著作人之推定）
6. 著作權爭議調解辦法

35 善用智財權，
黃金甲護身

　　某擅長製造手工餅乾的老舖Ｘ珍香，創辦人的第三代受過教育，建議申請商標，但阿公說：「騙肖仔！開店這麼久，還怕什麼？」兩年後，沒想到真有人寫信到店裡，說不能再用Ｘ珍香的招牌賣餅。老舖和對方打了一場官司，竟輸掉了。阿公很失落，說：「實在沙曨無（台語，搞不懂的意思），賣這麼久了，還不行？」

錯失申請商標時機，損失慘重

　　多年前，也有某食品在市場打開知名度，卻突然銷聲匿跡。原來，某企業沒注意到有心人捷足先登，推出類似產品，等到申請商標被駁回時，才知踢到鐵板。對方來談價錢，企業主認為是獅子大開口，吞不下這口氣，寧可讓產品下市，只是廣告費已經花掉400萬元，損失慘重。

　　曾有一工程單位，累積十多年經驗，研發出新式實用的開

挖機器，開挖速度快，耗材又少，磨損率低。有人建議老闆申請專利，搶得獨占性；但老闆怕別人看到機器的構造，所以就沒申請。結果，受託製造的工廠私下仿冒、出售給其他廠商。那老闆看到市場上冒出那麼多競爭對手，後悔莫及。

日前，有部熱門電影叫「香水」。法國以名牌香水聞名世界，某次，法國海關查到一批法國名牌香水，非常狐疑：自己國家的東西，怎麼會從國外進口？後來才發現，那些是來自台灣的仿冒品，但仿冒品質，連專家也差點被騙。

那家法國品牌香水的工程師很好奇，他們長期建立出來的嗅覺工業，商業機密難道外洩了？到底是何方高手可以做出跟他們一樣的產品？也納悶：既然台灣人有超水準的技術，又何必仿冒，不自我開發呢？

回顧1960、70年代的台灣，發展勞力密集工業，到處是代工廠，為了求生存，代工廠私下生產超過合約數量的貨，然後偷賣給別人；或者利用從外國工程師那兒學來的技術，製造相同或相似的產品牟利；不然就是私下把技術移轉給其他公司。

當時，這些不當的行為，對台灣企業的成長或許有幫助，但也讓外國開始注意台灣的仿冒問題。

善用智財權，提升競爭力

不過，從台灣經濟發展歷程來看，幫人代工製造的時代已經過去，我們可能要跳脫舊思想，正面思考法律層面，像智慧

財產權的問題，化阻力為助力，反過來保護自己。例如不久前，大陸註冊登記台灣相當有名的品牌，讓台灣的產業在智財權上未蒙其利，先受其害，更印證正面思考智財權的重要。

　　近年，台灣企業推出客製化的智慧型手機，就是一個正面的例子。我們有不少自有品牌也是世界知名；有次，我到蒙古參訪，看到宏碁電腦，與有榮焉。這幾年來，台灣在美國申請專利的件數，高居第三名，僅次德國和日本。

　　智財權相關法律，包括著作權法、商標法、專利法、積體電路布局保護法、營業祕密法等。如果是農業生物科技業者，一定要知道「植物品種及種苗法」，該法對品種、基因轉殖、基因轉殖植物，都有明確定義，可依法申請「品種權」，若品種權有受到侵害的可能性，可依法要求防止、排除；確有侵害，可要求賠償；而育種者還可要求「回復名譽」。

　　商業戰場上，正面應用智財權的概念，可有效管理，提升自我競爭力，而且靠法律保護，更具獨占性。大家都說，台灣人聰明、靈活，若善用智財權，企業必可有效布局未來，進而獲利，展現一番新局面。

法律簡單講

1. 商標法第2條（商標專用之註冊）
2. 商標法第17條（商標註冊之申請）
3. 商標法第61條（商標侵害之排除及損害賠償）
4. 商標法第81條（侵害他人商標專用權之處罰）
5. 商標法第82條（販賣仿冒商標之處罰）
6. 商標法第83條（冒用商標商品之沒收）
7. 專利法第5條（專利申請權）
8. 專利法第51條（專利權）
9. 專利法第84條、第108條、第129條（專利權侵害之排除及損害賠償）
10. 植物品種及種苗法第3條（品種、基因轉殖、基因轉殖植物定義）
11. 植物品種及種苗法第5條（品種申請權）
12. 植物品種及種苗法第22條（品種權）
13. 植物品種及種苗法第40條（品種權侵害之排除及損害賠償）

36 生技大躍進，
法律迎挑戰

　　生物科技、遺傳工程日益翻新，這種科學上的傑出成就，是人類引以為傲的事，然而，日前有科學家蒐集特定族群的唾液，想了解族群基因和血緣關係，以及民族間的關聯，但沒有徵得這個族群的同意，引起軒然大波。

人工生殖，牽涉親權

　　有許多夫妻不孕，使用試管嬰兒等人工生殖方式，但是採取自卵或他卵，涉及親子關係的認定；若是借腹生產，也有相同顧慮。法律上，生出畸形兒時應如何處理？試管被偷走，誰應負責？偷走試管的胚胎，有無犯罪？關係很複雜。

　　現在很風行幹細胞研究，用在複製生物以及在動物的身體培養人類器官，令人讚歎，但也有類似的法律問題。

　　基因改造食物不在少數，如木瓜、馬鈴薯、蕃茄、玉米、稻米；跟傳統的作物不同，有人不太能接受；所以，廠商應該

在相關商品，標示成分、組合、營養價值和用途、效果、與健康有關的注意事項，供消費者選購時參考。政府可以推動查驗上市制度，上市前，業者也應注意相關規定（食品衛生管理法、健康食品管理法），以及考量營業祕密和公平交易的問題。

新藥物的出現是人類的福音。但藥物在試驗階段，對人體的影響難以預測，因此，教學醫院在做人體試驗時，要有嚴謹的手續，讓受試者同意全部流程、了解可能的危險、副作用和預期效果，並充分告知他可以隨時撤回同意。醫療法有詳細規範。

另外，一般藥物的製造、進口和販賣，藥事法提供了管理制度，罕見疾病治療及藥物法也明確要求查驗登記、有許可證才能製造和進口。為了預防健康食品被當藥物使用，也有一套安全管理做法。

依藥事法規定，雖然衛生署為了公益目的，在必要範圍內可以公開藥物成分和仿單，但給予藥商的新藥資料專屬權，因為是新藥，屬於營業祕密，應保密期限長達五年。依植物種苗法，新作物也有「品種權」。

過去發生禽流感問題，牽涉疫苗，衛生署就依專利法向瑞士藥廠談判，要求強制授權。

隨著生物科技研發而來的新醫療方法，如幹細胞療法、基因療法、生產動植物的主要生物學方法，業者相當關心專利問題，但大多數國家目前是不給專利的，台灣便是如此，日本、歐洲的專利局也傾向不給專利。

DNA建檔，留意限制

運用生物科技的過程，可能會用到人體的唾液、體液、血液、毛髮、器臟，來建立相關的基因資訊，適用電腦處理個人資料保護法。另外，建立族群基因資料庫時，也要考慮不得歧視的平等性和隱私，這些涉及兩性工作平等法、身心障礙法、就業服務法、原住民族工作保障法。

我們現今常用DNA做為辨識工具，例如，為了防制性犯罪，採驗罪犯的DNA建立資料庫；另，依兩岸人民關係條例，大陸人民申請來台，進入台灣時須按捺指紋；這些東西建檔之後，如有利用行為，須注意法律的限制規定。

如果因為運用生物科技做出侵害他人權利的事，須負賠償責任，如果是吃了新藥影響健康，依藥害救濟法可請求賠償；基因改造業者若汙染環境，也要賠償。

生物科技在台灣十分發達，也是這個島國生存的利基，但是法律、倫理、宗教、社會各層面都不能忽略，也要參考國外法制，讓它更加完備。

法律簡單講

1. 人工生殖法第2條（用詞定義）

2. 人工生殖法第11條（實施人工生殖之要件）

3. 人工生殖法第23、24、25條（人工生殖子女之地位）

4. 食品衛生管理法第17條（食品、食品添加物之標示）

5. 食品衛生管理法第18條（食品用洗潔劑等之標示）

6. 健康食品管理法第13條（健康食品之標示）

7. 醫療法第8條（人體試驗之定義）

8. 罕見疾病治療及藥物法第14條（製造輸入之許可）

9. 罕見疾病治療及藥物法第26條（罰則）

10. 藥事法第39條（製造、輸入藥品之許可）

11. 植物品種及種苗法第5條（品種申請權及品種申請權人）

12. 電腦處理個人資料保護法第6條（個人資料之保護）

13. 兩性工作平等法第1條（立法目的）

14. 身心障礙者保護法第33條（平等待遇）

15. 就業服務法第5條（就業機會平等）

16. 原住民族工作權保障法第21條（就業歧視或勞資糾紛之協助處理）

17. 臺灣地區與大陸地區人民關係條例第10條之1（大陸地區人民申請進入臺灣地區應辦理事項）

18. 藥害救濟法第2條（用詞定義）

19. 藥害救濟法第4條（藥害救濟）

20. 藥害救濟法第12條（藥害救濟請求權人）

21. 藥害救濟法第13條（不得申請藥害救濟事由）

22. 藥害救濟法第14條（藥害救濟請求權時效）

37 釘子地以小搏大，糾紛多

近來中國大陸四川重慶的釘子戶事件，鬧得沸沸揚揚。其實，在台灣也有類似的釘子地，同樣有以小搏大的效果。釘子地就是畸零地，特色是土地面積小或地界彎彎曲曲、無法單獨建築使用的土地，例如因為開路或土地分割，在路旁留下長30公尺、寬2公尺的地，面積很小一塊。

獅子大開口，難討便宜

曾看過一案，有建商甲買了一大塊地，準備要興建，去申請建築圖時，建管單位說那塊地和畸零地相鄰，所以建築面積必須退縮，與畸零地保持距離，以留下一塊可以完整使用的最小面積。建商甲於是找上5坪畸零地的地主談，但地主卻開價每坪800萬元，建商甲認為他獅子大開口，吞不下這口氣，寧願「退縮」，犧牲自己的一些面積。

另一建商乙也買了一塊地，附近也有釘子戶。那塊畸零地

的地主主動找上建商乙，開出兩個條件：一是讓出土地合建，但必須送一戶（約70坪）給他；二是以每坪180萬元的價格，買下他7坪的畸零地。地主還說，粗估合建之後的利潤，用1%換算，每坪開價180萬元很合理。建商乙基於急迫性，就答應買下畸零地。

　　我辦過一件土地買賣糾紛，很好奇為何有人會買畸零地，才發現，這種買法其實有利可圖，所以有人專買這種畸零地，利用槓桿操作，所費不多，但利潤高；尤其當畸零地後面的肉地愈多，他們愈有興趣，因為可以待價而沽、守株待兔。所以，提醒建商要多加注意這種畸零地、釘子地。

專買畸零地，待價而沽

　　基於土地充分利用，建築法規定，為達雙贏，土地鄰近畸零地的地主，以及畸零地的地主雙方，可先行協議，透過買賣交易的方式，調整地形到合於興建的面積；如果不行，再聲請縣市政府專門委員會調處；調處不成，也可聲請縣市政府對畸零地辦理徵收或出售，經公告三十天，若無人異議，就可以出售給聲請人，有人異議的話，就公開標售，但聲請人有優先承購權。這時候，地價以市價為準，建築物則以重建價格為準。

　　若畸零地是公有地，可以聲請當地政府讓售，像台北市就對此訂了一個處理作業要點，方便民眾聲請。另，政府機關也可以根據土地法、農地重劃條例、非都市土地使用管制條例，來辦理重劃或編定為建築用地。

不濫用權利，公利優先

釘子戶本身也該了解，雖然土地是你的，你有權利，但也要考量公共利益，否則會被認為是權利的濫用。

舉例來說，有個警衛室興建在某個畸零地上，長達十多年，地主因此控告社區4,000多戶住戶，要求拆屋還地。但法官認為，土地供住戶使用的利益，遠大於地主收回自用，所以地主這種要求是權利濫用，駁回請求，改為判決住戶應付租金，每年每坪300多元。

另一個案子則是，有五間連棟的房子蓋好之後，竟有人主張拆掉這五棟新房子，理由是房子下面有條小水溝，那是農田水利會賣給他的。這一條小水溝也是畸零地。住戶主張他權利濫用，最後我判由住戶買回小水溝。地主原以為可以趁機大撈一筆，沒想到住戶只賠一點小錢。

碰到釘子地的狀況，牽涉雙方的角力問題，急迫性是關鍵，如果沒有時間壓力，那麼雙方就有得耗了，正本之道還是依法協議或調處。

法律簡單講

1. 民法第72條（違背公序良俗）
2. 民法第74條（暴利行為-得撤銷或減輕給付）
2. 民法第148條（權利濫用之禁止與誠信原則）
3. 刑法第339條（重利罪）
4. 建築法第44條（畸零地利用之限制）
5. 建築法第45條（畸零地所有權人與鄰接地所有權人不能協議調整地形或合併使用時得申請調處利用之限制、徵收補償、優先承購等）
6. 建築法第46條（直轄市、縣（市）主管建築機關應訂定畸零地使用規則）
7. 土地法第81條（使用地之編定）
8. 農地重劃條例第6條（得實施農地重劃之情形）
9. 非都市土地使用管制規則第35條之1（得在原使用分區內申請變更編定為建築用地之情形）
10. 臺北市市有非公用畸零土地處理作業要點第2點（市有畸零地除公用需用者外之讓售）

第三部

司法實務

38 商人囤積居奇有法管

　　2006年菸品調漲健康捐，發生商人藉機將囤積的舊菸加價，再賣給顧客，有主管機關出面制止，請商店退錢給消費者。從法律觀點看，這在民事上屬於「不當得利」，若商人「有意多收（錢）」或「該退不退」，則構成刑事上的侵占或詐欺罪。

　　除了香菸，像米酒、蔥、衛生紙和鋼筋，過去都曾有不肖業者非法囤積，檢、警、調適時介入偵辦的案例。

　　2005年蔥價高漲，當時台北地檢署檢察官一大早就到濱江市場，實地去了解蔥價為何飆得那麼高，這件事經過媒體大幅報導之後，所幸很快落幕。盛產三星蔥的宜蘭，那邊的地檢署則發現有黑道組織犯罪，強迫蔥農非賣給他們不可，最後依妨害自由罪（強制罪）提起公訴，求刑一到兩年。

　　2003年則發生過米酒供不應求的情況，因為民眾檢舉，地檢署檢察官在台北、台中和台南都有搜索行動；還好當時糧食局（現為農糧署）充分供應，幫助市場恢復秩序，而囤積人也

因為害怕，主動釋出米酒，缺貨恐慌於是平息。更早也有業者販賣假米酒，因為違反商標法，涉及刑事責任。

造成「市場缺乏」就免不了刑責

　　還記得在SARS流行期間，國內口罩大熱賣，嚴重缺貨，海關嚴加查扣外，地檢署檢察官也到各家生產口罩的工廠去探查，更發現有廠商販賣謊稱是奈米口罩的仿冒品。最嚴重的是有衛生單位的官員私下供貨、圖利某大型醫院，事情鬧得很大，官員被以貪瀆罪起訴。

　　年輕一輩可能不知道，早期這些涉及不當囤積的案子是依「非常時期農礦工商管理條例」和子法「非常時期取締日用重要物品囤積居奇辦法」或特別法「妨害國家總動員懲罰暫行條例」處理，像1970年代就重辦過囤積建材的案子，當時可是雷厲風行。不過，這些舊法都已經廢止了。

　　其實，在判斷某些不當囤積行為是否構成犯罪的過程中，行政機關如公平交易委員會、財政部等，都會先根據相關規範做出行政上的處罰。例如菸酒稅法和菸酒管理法訂有罰鍰；單純只是囤積香菸待市價提高再賣，沒有刑事責任。

　　可是情節比較嚴重的話，依刑法第251條「妨害販運公需飲食或農工物品罪」，有以「強暴、脅迫或詐術」去妨害「公共所需飲食物品或農工必需物品」，而且造成「市場缺乏」影響者，就免不了刑責。

　　我從一般教科書上看到，公共飲食物品指的是像五穀、肉

類、蔬果和一般飲料等大眾日常所需的食物；妙的是，菸是否公共飲食物品呢？應該是頗有討論空間，要隨具體個案認定，主管機關也會根據事實，採取必要的處罰動作。

> ### 法律簡單講
>
> 1. 民法第179條（不當得利之效力）
> 2. 中華民國刑法第251條（妨害販運農工物品罪）
> 3. 中華民國刑法第304條（強制罪）
> 4. 中華民國刑法第335條（普通侵占罪）
> 5. 中華民國刑法第339條（普通詐欺罪）
> 6. 組織犯罪防制條例第2條（犯罪組織之定義）
> 7. 商標法第81條（罰則）
> 8. 商標法第82條（罰則）
> 9. 貪污治罪條例第6條（罰則）
> 10. 菸酒管理法第21條（菸酒進口業變更設立許可之程序）
> 11. 公平交易法第24條（其他不正行為之禁止）
> 12. 1999年9月25日緊急命令（九二一震災）第11點（罰則）

39 破解經濟犯罪，
三點不漏

近年辦案發現，重大經濟案件有三大值得注意的面向：
（一）經營階層利用特殊方式進行非常規交易；（二）利用跨
國投資，比如在國外成立紙上公司，進行財產的不法轉移；
（三）利用兩岸三地特殊地域關係轉移資金。

留意非常規交易

非常規交易，諸如公司把特定的工程交給關係企業來套
利，例如甲公司要建廠房，藉由指定特殊建材，把6,000萬元
的工程調高為8,000萬元，又兼用綁標方式，再以1.4億元高價
發包給關係企業，而且特殊建材是這家企業的獨占產品，「雙
重吸金」。

甚者，建廠房的土地可能還是經營階層自己便宜買進之
後，由於賣不出去，想要解套換現金，因此利用內部關係，高
價賣給公司。也許，等公司建好廠房、周邊土地增值之後，有

心人又會把這些資產賤賣給特定人。

再舉一例，某公司內部人知道公司考慮遷往某新設的科技園區，就預先買好園區土地，等兩、三年後，再用兩、三倍的價錢賣給公司，由於土地面積很大，可能一次就賺了數億元。

也有些人號稱有特殊技術和智慧財產權，向公司浮報價值，收取高額權利金。從種種實例看出，這些都不是發生在經營不善或有財務危機的企業，而是發生在外界認為經營健全的公司，因此往往是內部人提出檢舉才曝光。

杜絕假跨國投資

辦案人員發現，從事上述不正當交易的企業經營群，還會藉此發布重大訊息，讓公司股價應聲上漲，趁機獲取暴利。檢調已經注意到這個現象，因為這種公司可能在未來變成問題公司，又會有一堆股民跟著受害。

在不少大案中，例如太電案，就發現公司負責人利用跨國性投資來進行財產的不法轉移，基本手法是在國外的免稅天堂如英屬開曼群島、維京群島等地，成立一家紙上公司，將國內財產「乾坤大挪移」到國外去。

另一種是利用金融操作工具型的公司，步驟是到海外發行公司債，由母公司來背書保證，配合其他手法，用不同名義去購買那些海外公司債，同樣也把公司的錢巧妙移到了國外。

以上這兩種假性投資愈來愈多，手法也愈來愈精細，都會利用正常的第三國家和當地銀行轉帳「過水」。

防止資金大挪移

　　也有直接利用兩岸三地的特殊地域和政治關係，由於之間聯繫不順暢，彼此銀行的合作協調不易，而從中得逞。約有三種形式，如：台灣母公司下單給大陸，大陸交貨，但貨款沒有全數進到母公司，而是分成兩部分，其中一部分採境外付款，因此把大部分的錢留在香港，母公司僅得少數利潤；或由母公司接洽，香港關係企業接單，向大陸訂貨，錢都留在香港；或由香港關係企業接洽，下單給台灣母公司，母公司再向大陸訂貨，香港公司即以貿易商的身分收取高額佣金。

　　限於司法不及於境外，上述情形只有請主管機關到海外查帳或盤點，或透過在大陸設點的銀行或簽證會計師取得相關資料或憑證等等；或透過司法互助；以及透過發行海外公司債的國內聯貸銀行取得資料去查清比對。

　　對付這三大類經濟犯罪手法，辦案人員也有破解的法寶，即對公司內部人員以汙點證人方式突破其心防，供出公司不法的事實。要提醒的是，檢調辦案的知能和方法與時俱進，這一點，「有心」的經營者絕不能不了解。

法律簡單講

1. 公司法第369條之1（關係企業之定義）
2. 企業併購法第4條第7款（母、子公司定義）
3. 證券交易法第155條第1項第6、7款（禁止行為）
4. 證券交易法第171條第1項第1款（罰則）
5. 證人保護法第14條（證人免責協商）

40 新刑法上路，
犯罪代價高

　　假設某董事長侵吞公款六次，以前他被視為連續犯，法官頂多在九個月到七年六個月之間的刑度量刑；但新刑法已經在2006年7月上路，他變成要被判六次罪了。這個罪的刑度是六個月到五年，所以最重可判三十年，把董事長關到老。

一罪一罰，一體適用

　　即使法官可審酌情節來量處刑度，但現在是「一罪一罰」，一罪歸一罪，累計下來，無論怎樣判也比以前重；又如果金額很多，如侵吞新台幣1.6億元，以前判到五年就很重了，但現在可能判八到十年之久。

　　很多人以為，2006年7月1日施行的新刑法只對一般暴力行為造成影響，事實上，因為大幅度修正總則，效力及於各種犯罪，因此經濟犯罪也一體適用。像是廢除「連續犯」，改成「一罪一罰」後，董事長數次侵吞公款的事，後果就會變得很

嚴重。

偷錢也是，以前不管竊賊偷幾次，都以一罪論，偷的人就不怕，愈偷愈多，現在不同了，偷十次就判十次罪。

又如仿冒名牌皮包，以前有連續犯規定時，全部仿冒行為合算起來，等於只有犯一罪，最重只判到四年六個月；假設仿冒行為多達十次，最重本刑是三年，乘以10倍，現在最重可判三十年，不過通常不會判這麼重，但法官也能判到十來年。

再談智慧財產權，現在科技化的社會裡，常有不肖業者仿冒別人的電腦軟體來賣錢，最輕本刑是六個月，最重則是五年；現在，如果犯罪十次，加重二分之一罪責，法定刑最重可以判到七年六個月。

自首減刑要看情形

新刑法也規定，易科罰金提高3倍以上，像有人喜歡「喝了再上」，即酒後駕車，修法之前，可能判六個月，易科罰金新台幣162,000元，但現在最少也要183,000元，最多則要549,000元。同樣的，違反著作權法、商標法，若發生易科罰金，也有相同效果。

但提高罰金也有「後遺症」，因為可能有人不願意付這麼多罰金，變成寧願坐牢，所以法務部也在傷腦筋，打算以增加監所數量，或對刑犯採取低度管理的措施，以為因應。

另外，自首本來可以減刑，但現在可不一定了。以前是「應該減刑」或「一定減刑」，已經改為「看情況來減刑」。例

如，以前有個殺人犯，他是有計畫性連續殺了三個人，後來拿兇刀去自首，認為他的死刑一定會得到減刑，最多只能判無期徒刑。但如果發生在現在，情節重大的話，死刑還是照判。

「連續犯」規定改「一罪一罰」、易科罰金提高3倍以上、自首不一定能減刑，談到這裡，新刑法簡單但重要的理念已經呼之欲出──「寬嚴並進」的刑事政策，對於輕微的犯罪更寬容，對重大的犯罪則趨向嚴格。

寬的更寬，意味就算你犯罪想坐牢也不行；嚴的更嚴，也就是你服刑後想出去，卻不讓你離開；這個做法，就是不希望有人起僥倖之心。

> ### 法律簡單講
>
> 1. 修正前中華民國刑法第56條（連續犯）
> 2. 中華民國刑法第51條（數罪併罰之宣告及定執行刑）
> 3. 中華民國刑法第41條（易科罰金）
> 4. 中華民國刑法第62條（自首減輕）

41 反毒戰爭劃出供需曲線

以前有個人因販毒被判刑十多年，他在服刑期間，有社會人士去慰問他，他透露自己最擔心的事情，居然是怕他的小孩在不良的家庭環境中學會吸毒，讓監所管理人員聽了啼笑皆非。

毒品氾濫為害甚深

又有個父親打電話到監所，詢問他的孩子何時出獄，監所的管理員向他報喜，說大概下個月就可以出獄，請他當天上午來接小孩。沒想到父親說，他其實是打算趁孩子還沒回家之前，要趕快搬走，因為他的孩子為了吸毒，騙、偷、搶之外，還變賣家中物品，家人已不堪其擾。

也有個吸毒者，被關到牢裡，毒品的侵害讓他的身體愈來愈不好，不幸在監所內過世。於是監所人員打了三次電話到他家裡，通知他的家人處理後事，但都沒有具體回應。他的家人

認為，他死了也就一了百了。吸毒者已經帶給家人無比痛苦，卻怎麼也喚不醒、救不回。

台灣的毒品犯罪案件氾濫，依法務部統計，近年檢察官受理的案件中，每年平均約有五分之一到四分之一，是跟吸毒有關的案子；以2006年上半年為例，共計約有30萬件案子，其中4.6萬件跟吸毒有關，這個數字非常可怕。監所裡，近三年平均約有四成的人犯是吸毒者，比率之高，令人憂心。

吸毒問題會對經濟市場造成影響，如何突破毒品對社會造成的困擾，政府也在思考。經濟學中的供需曲線，可以用來說明政府掃毒的策略。

向毒品宣戰，祭出供需曲線

1983年，政府全面向毒品宣戰，當時的主軸思想是「斷絕供給，減少需求」，但是觀察十年來的狀況，吸毒案件愈查愈多，毒品也愈賣愈貴，所以並沒有如預期有效下降。這時政府發現，原來只從供給面去阻斷是不行的，還要考慮到需求面，因為若需求減少，供給量自然就會下降。

因此，2006年的反毒思維已經改變，以「降低需求，減少供應」為策略，從「需」著眼，而且分成兩個指標：第一是讓沒有吸毒的人不要進入吸毒的世界；第二是讓已經接觸毒品的人可以脫離苦海。

吸毒的再犯率很高，累犯或再犯高達近八成，表示這些人總是一而再、再而三地對毒品有需求，我們可以給予替代方

案，如提供成癮性較低、售價也相對較低的毒品，戒得快，也省錢，可以縮短治療時間；加以每個人犯的生產力，監所還有「賺」，更不會耗費國庫。

　　再者是讓醫療系統介入，例如雞尾酒療法，結合神經科、心理諮商、社會工作個案管理方法、不定期驗尿和追蹤輔導等，有強化家庭支持功能等作用。

　　另一個最新的策略就是，原本從「供」下手，改為由「需」著眼。以貨幣為例，供給過多的結果就是通貨膨脹；世界名牌由於是限量生產，價格就高居不下。其實，過去查毒品也有一套價格上的理論：當需求量不變，但毒品價格高昂時，表示警方查緝很認真，因為查得兇會讓價格變高；反過來，需求量差不多，但毒品價錢很低，表示查緝不力。若是查緝很認真，績效不錯，但價格又不高，則表示需求量在減少。

法律簡單講

1. 毒品危害防制條例第10條（罰則）
2. 毒品危害防制條例第20條（觀察勒戒、強治戒治）

42 查漏稅，
抓到頭就抓一串

　　檢察官查逃漏稅的案子，往往像綁粽子，抓到繩頭，往下一辦就是一大串。

　　報載，部分廢棄物回收業者，涉嫌以人頭開發票逃稅，兩年內讓國庫短少了17億元稅收，法務部所屬檢察署每年都偵辦不少這類逃漏稅的案子。因為這種犯罪都是找很多人頭充當社員，來降低個人所得逃漏稅。

　　為了暢通檢舉管道，檢察官在偵辦過程中，涉案業者若是肯供出共犯，檢察官根據職權，可以不起訴或是緩起訴處分，有些情況檢方還會提供獎金。

利誘當頭，兒子檢舉老子

　　檢方曾偵辦過一起案例，有個兒子伸手向老爸要錢，老爸不給，兒子就跑去檢舉老爸逃漏稅。經過一段時間，兒子還來催促，指檢舉獎金怎麼還沒發放，令受理機關哭笑不得。

以人頭開發票逃稅的類型有兩大類：一種是虛設行號賣假發票；另一種是不實進出貨物，虛增營業額。所謂開立假發票，又分成兩類，一類是偷印，自己印來用，現在比較少見了；另一類是申請真的發票，但是虛設行號，只賣發票不賣產品。例如開一家水果店，卻不賣水果，只賣發票；或是發票數量突然過大，營業狀況很可疑，卻能順利取得發票，檢察官就會由此著手了解，有無官商勾結的弊端。

依憲法規定，納稅是人民應盡的義務，國家為了擴大公共建設等，需要經費，取之於民，自然要用之於民，查緝逃漏稅刻不容緩。

私房帳本，什麼地方都藏

雖然稅捐單位和檢察官都可以主動調查逃漏稅，不過這類逃漏稅案例大部分都是有人檢舉，有些是被害當事人，有些是員工、同業，而且這類公司通常有兩套以上的帳本，帳本存放的地方往往讓人匪夷所思，有的將私帳放在天花板、冰箱、廁所水箱或是牆壁夾層，甚至有些放在親戚家中。

廢棄物回收漏報所得，構成稅捐稽徵法的問題，財政部賦稅署對帳冊往來和發票進出非常了解。不過，賦稅署雖然有準司法權，但還是需要檢察官專業能力的配合，因為檢察官對法律和偵辦技巧都很熟練。兩者連手辦案，業者幾乎無所遁形，跨部會的合作是必要的。

現今政府單位對於稅款的催收都相當嚴謹，像2001年至

2005年9月，短短四年八個月，法務部行政執行署徵起金額累計即高達近800億元，績效卓著。其中，財稅案件是最大宗的公法債權來源。業者如為了一時貪小便宜，而被罰3到5倍的罰款，實在不值得。

法律簡單講

1. 稅捐稽徵法第41條（罰則）
2. 刑事訴訟法第253條（相對不起訴案件）
3. 刑事訴訟法第253條之1（緩起訴處分）
4. 刑事訴訟法第253條之2（緩起訴處分之被告應遵行事項）
5. 組織犯罪防制條例第10條（檢舉獎金）
6. 所得稅法第103條（告發檢舉獎金）
7. 貪污治罪條例第5條（罰則）
8. 中華民國憲法第19條（納稅義務）
9. 行政執行法第4條（執行機關）

43 內線交易，
　　　　用手抓不如網子撈

　　台灣的內線交易刑責，相對其他國家並不算輕，只是有些法官下不了手，連帶讓人覺得基本刑度太低，而應該加重刑責，但是法官依證據審判，通常查到的情節小於大家的認知，也就是有些內線交易外傳做了半年多，結果查到只有五天；或是外傳總金額高達10億元，查到卻只有1億元；甚至有時候傳說整個家族涉入，查的結果卻只有少數核心親友。這些是事實查到那就辦到那，不用修法。

規定寬鬆辦人不易

　　不過，國內證券交易法有關內線交易的構成要件的確比較寬鬆，寬鬆的結果就很難抓，法官就不易掌握，也不敢擴張解釋。就好比抓鰻魚兩隻手抓，滑溜溜抓不住，可是用網子抓，他就跑不掉了。兩隻手就好像現在的證交法對構成內線交易比較寬鬆，網子就是修法後的證交法，規則嚴格了自然可以抓住

他。

　　換句話說，如果把規則訂得很詳細，只要符合這個框架範圍內的，抓到就跑不掉了。因此，已透過法務部檢察司、法規會和金管會合作研議修法，把內線交易構成要件修得比較明確，並由金管會送交立法院審議。

　　過去內線交易只檢查交易期間，公司關係人很容易以公司資金調度的藉口脫身，未來檢察官會將時間拉長，清查過去兩三年有沒有買賣自家股票，若是公司公布利多或利空前，卻突然大量進出，這種異常現象很明顯，怎麼狡辯都沒用。

證交法修正三重點

　　證交法修正包括三大重點，首先，將涉入時間訂得更明確，其次是何謂重大訊息及訊息取得方式，最後是進出股票的狀況。例如，某家上市櫃公司準備併購另一家公司，就時間來說，是準備籌畫階段就算，還是和對方談判才算，或是達成協議、董事會通過、還是簽約才算，這些都是修法重點。

　　另外，資訊取得方式，像參與併購程序，董事會檢附資料，進出股票狀況，是做多、多空、融資、融券，還有買進的張數、金額等，將來這些都會訂得更明確，才不會有爭議。

　　若是董事會決議後、重大訊息公布前，先取得資訊的人進場大量買股票，這樣就算是明確的內線交易。我認為，與其寬鬆都無法定罪，倒不如規則定嚴格一點，讓有心犯罪的人繩之於法，進而提升內線交易的定罪率。

> **法律簡單講**
>
> 1. 證券交易法第157條之1（不得為股票買入或賣出之人及
>   違反之效果）
> 2. 證券交易法第171條（罰則）

44 行政執行署
就像正牌討債公司

　　很多人都不清楚行政執行署的業務,其實,它是幫國家催討欠款,因此有人形容它是「正牌的討債公司」。其種類包含財稅、勞健保、交通、環保罰款、土地受益費用、燃料稅等,其中最大宗的是財稅,案件數最多的是勞健保。

有錢還欠稅,說不過去

　　行政執行署既然是催繳單位,難免會有過於嚴苛的質疑,但是各執行處都有作業標準。舉例來說,有車子開才會有交通違規、燃料稅;有工廠營運才會汙染環境;有地才會有補償收益,一般都是經濟條件不錯才產生的稅,若是不繳還會加重處分。

　　關於公法債權催收,仍有800多萬件尚未結案,全國欠稅高達3,000多萬元,其中大部分是有能力繳卻不願意繳。

　　甚至有一位中央民意代表,他利用母親當負責人開設公

司，公司賺錢卻不願意繳稅，有一回想利用春節帶母親出國去旅遊，到機場卻無法出境，才發現被限制出境，他一急立刻到法務部來了解狀況。

曾經有立委質疑為何才幾萬元就限制出境，這樣過於嚴苛？於是我就舉例，有人一年出國四、五次，每次帶太太出國一趟至少花6萬元，一年下來大概要花二、三十萬元，但是欠繳5萬多元的稅都賴著不繳，你說合理嗎？

除了限制出境的強制處分之外，偶爾還會用限制人身自由的拘提管收，執行上得十分謹慎，而且也得考慮比例原則。法官在開拘提令時，也會審慎選擇，就過去拘提管收案例來看，如曾正仁、翁純純、黃任中，這些人都是開名車、住豪宅，社會大眾都知道他們很有錢，卻不肯繳稅，說不過去吧！

拘提加勸說，挹注國庫

當然，法務部儘量避免拘提管收的討債方式，像迪化街有一位股市大亨，欠稅1,000多萬元，怎麼催都不理，有一天知道他在某證券公司的貴賓室炒股票，就準備好拘票去拘提，那位股市大亨怕被關，立刻開票繳清，顯見拘提十分有效。

一位孫姓商界聞人欠稅6億多元，他變更負責人想要逃避，但是被查到他有一塊很值錢的土地，設定高額抵押，且有人有興趣買這塊地。我們向他分析利弊得失說，不繳稅土地可能被查封，他也可能被拘提管收，於是他才願意分期付款繳納。

　　由於行政執行署各處人力不足，時間也不夠的情況下，從催繳效益評估，重點還是擺在金額大宗的欠稅，因為催討一件5萬元的欠稅，就相當催討50件勞健保費用。

　　另外，行政執行署查封不動產，表示欠繳金額龐大；金額小的像汽、機車動產、機器、珠寶、古董、金條等。行政執行專員也要研究如何提升拍賣金額，畢竟積少成多、聚沙成塔，對國庫也有很大的挹注。

> ### 法律簡單講
>
> 1. 行政執行法第2條（行政執行種類）
> 2. 行政執行法第3條（行政執行原則及限度）
> 3. 行政執行法第17條（命義務人提供擔保、限制住居及聲請拘提、管收等規定）
> 4. 限制欠稅人或欠稅營利事業負責人出境實施辦法第2條

45 電子監控器
防範性侵害犯再犯

法務部於2006年初開始實施電子儀器監控，初期規劃屬於中、高危險群的性侵害假釋犯，讓他們佩帶手環式或腳鐐式的電子監控器，目的在降低這些假釋出獄的性侵害犯再犯率。

人權公共利益酌情考量

坦白講，性侵害在醫學上而言，有某種程度的精神疾病、人格偏差，而且出獄後的再犯率很高。法務部為了有效掌控性侵害犯的行蹤，參考許多歐美先進國家的做法，採RFID晶片（無線射頻辨識器）限制他們活動範圍，只要離開活動範圍或蓄意掙脫儀器，警報器立即會響，監控單位隨時可以有效掌控。

不過，實施這項辦法，卻有兩大團體之間的不同意見，人權團體主張，佩帶電子監控器最好設計成外形美觀的手表、手環，避免這些性侵害假釋犯被人看穿而遭他人指指點點。另

外，盥洗、洗澡都不可以脫下來，好像很不人性。

婦權團體則主張，性侵害犯再犯率極高，為了婦女的安全，引進電子儀器有效遏止性侵害犯罪是國際潮流；除了儀器之外，還建議觀護人、管區員警定期巡邏。因此，法務部會考量如何不侵害人權的情況下，又能兼顧公共利益，擬出最適的模式。

24小時跟緊緊，掌握行蹤

其實，有些國家考量以電子儀器監控取代一些短期自由刑，有替代監獄的效果，可以減少監獄擁擠，但國內目前還是只運用在性侵害的假釋犯。這些性侵害犯將要求他們在手環或腳踝24小時佩帶RFID晶片，並在家中安裝訊號接收器，法務部將在本部或是各檢察署設置監控中心。且各地檢署安裝訊號接收設備，掌握他們是否在限定時間遵守宵禁和有無離開住居的情況。

性侵害犯大多是攻擊外面的人，通常也會找特定對象下手。像南部有一個個案，犯罪人連續侵害好幾個國小女童，後來抓到他，他才說國小四年級時很迷戀坐在他左前方一位留長頭髮的女生，後來這女生不甩他，心中怨恨埋藏許久，即便這個犯罪人都已經結婚還有小孩，但他內心仍停留在國小階段，積怨使他產生移情作用，才會對這些國小女童下手。

另外，由過去個案發現，有所謂戀母、戀姐情節的性侵害案，有一個高中生都習慣找25歲上下的成熟女子下手，後來問

他才知道,他覺得同年齡的女生不夠成熟,而且成熟型的女子比較疼愛他,他就專找成熟型的女子。

「複數監督」,婦女安全更有保障

性侵害犯大多數都有暴力傾向,國內將擄人勒贖、性侵害、飆車族隨意砍人、黑道暴力討債等犯罪案件列入社會觀察治安好壞的指標,其中性侵害是最典型,婦女同胞也特別重視。目前對性侵害假釋犯採影像監控、電話聯繫、或要求他們定時回報,而且還實施「複數監督」,要求觀護人、志工、管區員警就近監督。

未來,電子監控儀器雖不敢說能百分之百預防,不過可以有效降低犯罪率是無庸置疑的。國內廠商報價採購計畫正進行中,將使婦女人身安全更有保障。

> ### 法律簡單講

1. 性侵害犯罪防治法第20條（命接受身心治療、輔導教育之情形及處遇方式等）
2. 性侵害犯罪付保護管束加害人科技設備監控實施辦法
3. 中華民國刑法第77條（假釋之要件）
4. 中華民國刑法第78條（假釋之撤銷）
5. 中華民國刑法第79條（假釋之效力）
6. 中華民國刑法第79條之1（合併執行之假釋）
7. 中華民國刑法第93條（保護管束）
8. 保安處分執行法第64條（保護管束執行方式）
9. 中華民國刑法第221條（強制性交罪）
10. 中華民國刑法第230條（與血親為性交罪）
11. 中華民國刑法第231條（媒介性交猥褻罪）
12. 中華民國刑法第347條（擄人勒贖罪）

46 詐騙集團利用人性貪念

　　我有一個朋友是大學教授，詐騙集團對他的作息很了解，利用他下課緊迫的10分鐘說要退稅，這位教授不疑有他，在提款機前連續操作六次，被騙60萬元。另有一個高職校長，他戶頭裡有好幾百萬，詐騙集團要求他去提款機按下99,999的數字，處理後，對方說操作失敗，要求他重複操作，他覺得不對勁，停止轉帳，事後發現已被騙走99,999元。

詐騙手法推陳出新

　　以前，詐騙集團稱作「金光黨」，專挑一些有錢的老人下手；現在，詐騙集團拜科技發達之賜，詐騙本尊藏在幕後，利用手機簡訊、退稅詐騙、假綁架恐嚇等手法，加上手機、網路、提款機（ATM）的轉帳便利性，讓詐騙集團有機可乘，增加破案難度。

　　其實，不僅是台灣有詐騙集團橫行，國外也有。由於詐騙

集團大部分在海外遙控，要抓到本尊實在很困難，檢、警、調不是不願意查，而是偵查成本太高，例如某位民眾被騙6萬元，國家必須付出80萬元的成本去破案，你說划得來嗎？

這幾年來只要有手機的人，幾乎都接過詐騙集團的電話，詐騙手法也不斷推陳出新，但是最近有出現刮刮樂重現江湖的情況，南部又出現詐騙集團用傳統平信寄給民眾，說你中大獎，奇怪地是還是有不少人受騙。

事實上，詐騙集團不外乎利用被害人的貪、怕、情。貪就是最常見的刮刮樂中獎，早期這種最多；怕就是所謂的「假綁架真詐財」，例如掌握小孩的手機號碼，打電話不斷騷擾你，等到你受不了關機，就立刻打電話給你父母要脅說，小孩被綁架了，還會僱人裝出被虐的聲音，讓父母受不了，失去判斷能力而匯錢；情就是知道你和誰交情不錯，刻意裝當事人的聲音，急需救命錢，利用你的同情心，這類詐騙的案子也不在少數。

預防受騙，腦袋要靈光

另外，國稅局退稅、手機退保證金等手法，利用被害人不清楚退錢作業流程，而趁機打劫。現在退稅、銀行催繳費用，都儘量不用散發簡訊的方式，也不會主動提供電話號碼，民眾如有疑慮應該透過信用卡背後的電話號碼或打電話去104查號台查詢，不要用簡訊提供的電話號碼，這樣就不容易掉入圈套。只要叫你到提款機面前操作匯款，幾乎都是詐騙集團的伎

倆，千萬不要上當。

　　北檢有一位書記官，他心想活期帳戶沒錢，應該沒有風險，結果也被騙了10幾萬元，為什麼會發生這種狀況？原來詐騙集團熟悉金融作業程序，把他定存帳戶提走九成，詐騙技巧高明，就像金庸小說《笑傲江湖》寫的吸星大法，人家是把內力吸光，詐騙集團是把受害者的錢吸光光。

　　很多詐騙集團發話地在大陸，如果你發現口音很奇特，問他從哪裡打來，如果他說從雲林斗六打來，你說你在斗南，對方不了解台灣地理環境，很容易穿幫。目前銀行轉帳單日限額3萬元，也杜絕不少過去動輒幾百萬元損失的詐騙案。

　　內政部警政署、法務部檢察系統曾經和對岸合作破案，由於詐騙攸關民生，不涉及政治議題，大陸也擔心這種犯罪手法到處散布，對大陸民生影響甚鉅，因此也願意配合。

> **法律簡單講**
>
> 1. 中華民國刑法第339條（普通詐欺罪）
> 2. 依行政院金融監督管理委員會94年4月15日金管銀（二）字第0942000227號函，自94年6月1日起，實施金融卡非約定帳戶轉帳單日限額調降為新台幣3萬元。

47 緩起訴處分，
司法搞創意

　　我看過許多有趣的國外事例：有個少年犯不乖，亂塗鴉，但法官認為不必判他坐牢，要他去洗刷那片被塗鴉的牆，同時勸別人不要亂塗鴉。另有某被告要求法官快點審理，因為他是小學老師得回去教課；法官心想，記得小時候，老師最喜歡讓學生罰寫，於是就罰被告寫一百遍「我不再違規停車」。

　　也有像醉漢在街上隨地大小便，又在別人家門前把垃圾桶翻得亂七八糟，法官就判他當清道夫的例子；或是體育老師酒後駕車被逮，法官判他義務教排球；更有不少好萊塢影星因犯小罪，被判社區服務。

法制人性化

　　從這些案例，可以看出外國的法制很活潑，又人性化，讓被告不致坐牢，可過正常生活，但從處罰中了解犯罪必須付出代價。

　　台灣也出現這樣的制度。2002年2月8日，「緩起訴」處分制度出爐：對於所犯死刑、無期徒刑或最輕本刑三年以上之外的輕微犯罪者，可從輕發落；從2002年到2006年，已經有九萬多人受惠。

　　所謂「緩起訴」處分制度，是指檢察官令被告在一定期間內遵守或履行某些事情，期限通常在三年以內，如果期滿未犯罪，視同未犯罪，不會留下前科。2007年年初，有檢察官要一名身為飯店業負責人的被告請弱勢團體吃飯，運用的正是「緩起訴」。

　　緩起訴的方式有八種：向被害人道歉、立悔過書、損害賠償、繳緩起訴處分金、義務勞務、治療處遇、保護命令、預防再犯命令。檢察官會依被告的人格特質、心理反應、家庭環境、教育程度等，訂出一個對被告合理且被告有處理能力的方式。

　　以「預防再犯命令」來說，如曾有知名撞球國手簽賭，因此檢察官要被告在幾個運動網站上宣導簽賭犯罪的法律常識，每週五天，每天各網站兩則，每則不得少於100字，文章不得重複。

　　至於「保護被害人的命令」，是因為有些被告仍有再加害的危險性，需要一些制止或防範的措施，比如，會欺侮或毆打被害人者，檢察官可能禁止他靠近被害人或對被害人施用暴力。

　　「治療處遇」可用於藥物濫用、酗酒成性的人，因為習性難改，要求他做一些戒治或施以酒癮治療，而如果是觀念錯誤

或歧視女性、任意毆打婦女者，則必須做心理輔導。

　　緩起訴處分中，「義務勞務」是最多的，像淨山、淨灘或到老人院服務等。另外，緩起訴處分金多則百萬元，少則數千元，視個案指定給國庫或地方縣市政府，部分給公益團體。

緩起訴處分制度創造三贏

　　這個制度更深層的意義是在保護被害人，維護其權益，例如讓被告向被害人道歉、立悔過書或賠償。因此，被害人在偵查庭時若了解這些功能，可提出所期待的方式，請求檢察官處理。

　　反之，被告也可以比照辦理。像有公司負責人做假帳而涉偽造文書，即主動提出願捐100萬元給公益團體。檢察官好奇詢問，才知他準備移民，正在申請良民證，如果用緩起訴的新制度，不會留下案底，就可以順利移民。

　　有個笑話描述，一群朋友聚在一起拚命喝酒，他們想：「不必怕啦，就算酒後駕車什麼的，就到檢察官那裡緩起訴好了！」事實上，輕罪可以緩起訴，但若是故意，或者像名人互相謾罵案件，檢察官不一定就會緩起訴，也會看合適性。

　　總之，對於犯輕罪的被告「從輕發落」，不要他們坐牢，而施以緩起訴處分，確可減輕司法負擔；被告因未留下紀錄，不致一生烙下印記；被害人也受保護。因此，很多人都認為這是有人性的司法制度，也創造「三贏」。

法律簡單講

1. 刑事訴訟法第253條之1（緩起訴處分）
2. 刑事訴訟法第260條（不起訴處分之效力）
3. 刑事訴訟法第253條之2（緩起訴處分之被告應遵行事項）

48 科技辦案，
成效媲美柯南

　　有次，我對一群小朋友演講，提到辦案時的趣事，有小朋友問起當時的一件凶殺案，說：「叔叔，你可不可以用柯南的辦法？」也有一名中學生問過我：「你們辦案有沒有參考福爾摩斯？」他們說的是漫畫或小說中的人物，很有趣，事實上，檢警調辦案時，也會利用科技，讓辦案的「效果」更好。

　　大家都知道要用科學方法辦案，包括：要了解犯罪心理（從實證結果、辦案經驗、研究報告歸納而來），例如，縱火犯常會重回現場觀看，因為他看到火會覺得興奮、刺激，警方就要注意現場有無可疑人物；也有部分殺人犯會自己主動報警，從旁觀察警方的能耐，如果辦案人員忽略這一點，可能就忙得團團轉。

　　再者，要懂得剖繪犯罪，把無關的線索或資料拼湊起來，釐出一個可能的圖像；從幾個連續發生的犯罪案件中找出相關的脈絡、共同點，分析歹徒的人格特徵和行凶的手法、犯案的時間等，這樣就不至於海底撈針。

以前，有個學童之狼，警方就是靠這個剖繪法，發現他固定在週三的下午於偏僻的地方，專找面貌清秀的四、五年級女學生下手。原來，這個學童之狼在讀小學四、五年級時，曾經迷戀過同班女同學，儘管已結婚，仍「移情」小學生。

這幾年來，犯罪的原因和傳統不同了，以往都存在一定的軌跡，例如財、色、情、仇等特定原因，但現今的歹徒時常是隨機下手，所以對於犯罪的描繪功夫，也愈來愈重要。

先進設備，採集證據

所謂「工欲善其事，必先利其器」，辦案也有科技設備加分，像驗DNA、測謊、鑑識、錄影錄音、電子監控等。我在處理華航空難、九二一大地震事件時，因為屍體破碎，用DNA比對，是最直接快速的辨認方法。日前在台北出現的捷運之狼，在現場留下菸蒂，剛好拿來做DNA鑑定而破案。

最近，藝人爆出的大麻案，第一次用尿液檢驗，沒有毒品反應，但照專家建議進一步檢驗頭髮時，果然有毒品反應，這就是鑑識的妙用。007電影也有這樣的情節，男主角故意端酒給女主角喝，再趁機調換酒杯，離開現場去採集她的指紋。另外，現在很多地方都裝設針孔攝影機，也是辦案時不可少的有利證據。

法醫相驗，死人發聲

當死去的人不會講話，活的人也不肯講實話的時候，就是法醫部門相驗工作發揮功能的時候。所以，我們訓練辦案同仁有科學基本知識，以利在相驗屍體時至少做出初步的判斷，舉例來說，若發現有人陳屍於郊外，可從昆蟲的食物鏈，如螞蟻、大頭蒼蠅或蛆的出現，研判死亡的大致時間；生前落水或死後落水，也可以從屍體的情況判斷出來。

有些案件還需要解剖屍體，最近我看電視劇演法醫學鼻祖「大宋提刑官」的故事，講的就是利用解剖破案的奧妙。

科技辦案是趨勢，檢警調同仁辦案也開始廣泛應用科技設備，充實鑑識的儀器，提升辦案的技巧，因應層出不窮、變化多端的新型犯罪，像網路犯罪，也要依特性，研究破解的方法。

法律簡單講

1. 中華民國刑法第173條（放火或失火燒燬現住建築物及交通工具罪）
2. 中華民國刑法第174條（放火失火燒燬非現住建築物及交通工具罪）
3. 中華民國刑法第175條（放火燒燬住宅等以外之物罪）
4. 中華民國刑法第176條（準放火罪）
5. 中華民國刑法第271條至第275條（殺人罪章）
6. 刑事訴訟法第197條（鑑定）
7. 刑事訴訟法第204條及第205條（鑑定之必要處分）
8. 刑事訴訟法第205條之1（對身體之鑑定）
9. 刑事訴訟法第205條之2（對犯罪嫌疑人或被告身體必要時之採證行為）
10. 刑事訴訟法第208條（機關鑑定）
11. 刑事訴訟法第213條（勘驗之處分）
12. 刑事訴訟法第216條及第217條（檢驗或解剖屍體處分）
13. 刑事訴訟法第218條（相驗）
14. 毒品危害防治條例第25條及第33條（尿液檢驗）
15. 性侵害犯罪防治法第20條第3項（科技設備監控之實施）
16. 性侵害犯罪防治法第20條第2項第6款及第8項（測謊之實施）

第四部

訴訟技巧

49 腦筋急轉彎，
不打官司也能贏

　　打官司好累人，花錢又費時；照一般正常訴訟程序，要繳訴訟費，花律師費、鑑界費等，蒐集資料和出庭也要花時間。何妨「腦筋急轉彎」一下，用自己所了解的簡單、合法方式去解決糾紛？

打擊仿冒，有請海關擋貨

　　有地主因故被他人占用土地，上面還蓋了很多房子，他指控侵入者「無權占有」，必須拆屋還地，結果花了很多時間忙訴訟的事。但有一天我到現場去看，竟然發現房子早就拆光了。原來地主向縣政府檢舉，對方蓋的是違章建築。

　　某業者的產品被人仿冒，引來國外市場的買家抱怨，後來官司打贏了，卻還是拿對方沒輒。還好有人教這名業者去查出口批號，請國貿局協助禁止仿冒品出口，連海關也不放行。原本肆無忌憚的仿冒者無利可圖、無洞可鑽，才就此打住。

　　曾有一名公家機關的員工，利用非公務時間在外兼課，但授課教材卻是拷貝另一個教授所寫的教科書。教授找他談，他不理；說他侵害著作權，要打官司，他也不甩。教授懂得公職人員生態特性，換成找他的上司談，表明他的行為會讓單位的名譽受損等等。後來上司出面，曉以利害關係，他怕長官留下壞印象而影響升遷，因而改善了行為。

　　也有人因為住家附近的山坡地被隔壁鄰居嚴重濫墾，實在看不下去了，向縣政府檢舉，適時制止了鄰居。縣政府讓這個惡鄰居知道，依水土保持法的規範，嚴重濫墾會構成犯罪，促使他們馬上停工。

自力救濟，要找對申訴單位

　　這些活生生的例子證明，很多時候不必打官司也可以達到目的。換句話說，解決糾紛的方式其實很多元。一般老百姓權利受損，不經由法院審判也能自行救濟──如果是消費者，就找消基會申訴；若有勞資糾紛，可以向勞工單位申訴、申請調解或調處；土地界址問題也可以調處；有人破壞市場交易秩序，也能請公平委員會出面處理。

　　從相關法律來看，像前面提過的，自己的土地上被別人蓋了違章建築，依違章建築處理辦法可提出檢舉，交給拆除大隊來拆除；發現別人侵害智慧財產權，依著作權法和貿易法等，可查扣、暫停輸出入仿冒品。

　　另外，還有不少主管機關取締和處罰權限的辦法，可以善

加利用，比如買到有害健康的食品或藥物封存不當，有食品衛生管理法或藥事法可管；公司專用商號名稱被人侵用，則違反公司法和商業登記法。

習慣上，大家總以為有糾紛就得打官司，上述糾紛案件，都不必上法庭，就有解套辦法。我也希望藉這個機會，提供一個另類思考，期待民眾和司法單位都有減少訟源的共識。

法律簡單講

1. 建築法第25條（無照建築之禁止）
2. 建築法第86條（違法建造、使用、拆除之處罰）
3. 著作權法第90條之1（海關查扣）
4. 貿易法第17條（出進口人行為之禁止）
5. 貿易法第28條（罰則）
6. 水土保持法第33條（罰則）
7. 勞動基準法第74條（勞工之申訴權及保障）
8. 勞資爭議處理法第5條（權利事項調查處理及勞工法庭設置）
9. 土地法第6條（自耕之意義）
10. 公平交易法第26條（公平交易委員會之調查權）
11. 違章建築處理辦法第4條（違章建築之查報及處理）
12. 食品衛生管理法第11條（不得製造加工等各種情形）
13. 藥事法第21條（劣藥之定義）
14. 藥事法第81條（舉發或緝獲之獎勵）
15. 公司法第18條（公司名稱專用權）
16. 商業登記法第28條（使用商路號名稱之限制）
17. 商標法第81條（罰則）

50 公文書沒收到就不算？

　　翻開報紙，廣告版面常見「某某地方法院公示送達」、「某某稅捐機關公示送達」、「某某縣市政府公示送達」的啟事，很多人看了會說：「登這個有什麼用？多此一舉！」但在法律上，公示送達有特殊用意，必須嚴肅看待。

公示送達，發出就算

　　基本上，大家的想法會是任何寄送給我的文書，一定要我收到才算數；民法上的「意思表示」也採「到達主義」，收到才算數。所以一般人這麼想其實也沒錯，他們認為：「你文書送不到，不關我的事！」或者「我不收，你奈我何？」

　　但遇到「公示送達」，這些想法或做法就破功了。「公示送達」的制度，簡單說，就是公開表示文件已經送達給你了，不管你有沒有看到，那都是你的事，效力已發生。

　　曾經有個小偷在路上被警察攔下來臨檢，警察看了他的身

分證，發現居然逮到的是一個通緝犯，正要送他去坐牢，但小偷慌忙地辯稱：「法院都還沒傳喚我到庭，判決明明還沒確定啊！」他不知道，法院已經採公示送達，他沒收到、沒到庭，也一樣照判，被判了拘役50天。

這個例子點出一個事實：很多人會忽略公示送達的效力。公示送達雖然不是實際上已經送達，但在法律上則視為已經送達，不管是行政程序、訴訟程序或強制執行，都會用到公示送達，運用的層面很廣泛。

一般常見的公示送達原因有兩種，一是對象行蹤或住所不明；二是境外送達，即對方人在國外。

舉例而言，國稅局會依納稅義務人申報的地址要求繳稅或補稅，但經常發生納稅義務人國內、外兩頭跑，大部分時間不在家，稅單被退回的情形，國稅局最後就用公示送達，確定之後，移送行政執行署去追稅。

另一個案例，也是因為人在國外，被公示送達給打敗了。某甲在台灣與親人共有祖產，但人長年居留海外，有一天，在台灣的親人通知他將分割土地，某甲卻因為沒時間回來，而且誤認他的土地持分最多、權力最大，不急於回應。台灣的親人急著要蓋房子，於是用公示送達的方式提出訴訟，判決很快就下來了。

某甲後來聽他的律師朋友解釋，才知道原來公示送達的威力這麼大。

一般人也可用

很多人不知道，其實不只法院、檢察機關、行政機關可以用公示送達，依民法規定，也適用於「私法意思表示的通知」，也就是一般人也可以用公示送達，條件是你不知道對方的姓名、居所；有些人會運用在解除婚姻關係上。

曾有先生因為太太離家出走，但去向不明，因此提起「履行同居義務」之訴。他用公示送達的方式把文件寄到太太的娘家，但娘家認為嫁出去的女兒戶籍不在此，所以沒必要收下那份文件，結果，法官判先生贏了告訴。先生下一步又用公示送達的方式，以惡意遺棄的理由要求離婚，再度成功。

不過，公示送達畢竟不是真的送達，所以也有範圍限制，以保障當事人知的權利。例如：對少年或其法定代理人、被害人或其法定代理人，抑或徵集令、召集令、小額消費的爭議等，都不適用公示送達的規定。

公示送達的方法包括張貼在機關的公告欄、登載在報紙、公報等等，也可以彈性考慮其他方法，如電視、廣播等媒體。由於網路使用愈來愈普遍，如果防偽措施做得好，未來也可能利用網路公示送達。

法律簡單講

1. 行政程序法第78條（公示送達之原因及方式）
2. 行政訴訟法第81條（公示送達之原因及方式）
3. 民法第95條（非對話意思表示之生效時期）
4. 民法第97條（公示送達）
5. 民事訴訟法第149條（公示送達之原因及方式）
6. 提存法第10條（保管機關之處置）
7. 刑事訴訟法第59條（公示送達之原因）
8. 刑事訴訟法第60條（公示送達之方式）
9. 軍事審判法第85條（公示送達之方式）
10. 軍事審判法第172條（一造缺席判決）
11. 稅捐稽徵法第18條（稽徵文書之送達）
12. 少年事件處理法第49條（送達方法）
13. 兵役法施行法第54條（徵集令召集令之送達）
14. 民事訴訟法第280條（舉證責任之例外——視同自認）
15. 民事訴訟法第367條之1（當事人訊問）
16. 民事訴訟法第406條（聲請調解之裁定）
17. 民事訴訟法第509條（聲請支付命令之限制）
18. 刑事訴訟法第84條（通緝之法定原因）
19. 中華民國刑法第33條（主刑之種類）
20. 其他參考條文：行政程序法第79條至第82條（公示送達）；行政訴訟法第82條（公示送達）；民事訴訟法第150條至第152條（公示送達）。

51 打官司別栽在程序上

　　某個企業家寫他創業經商的歷程，提到以前打官司時，因為不懂裁判費用的繳納問題，官司輸得莫名奇妙。這個經驗讓他往後特別注意法律專業。打官司如果意氣用事，忽略了程序問題，可能「賠了夫人又折兵」。民事、刑事和行政訴訟都一樣。

　　以民事訴訟來說，首先，有個「以原就被」原則，亦即不是以原告自己方便為主，而是原告必須遷就被告的所在地去打官司，否則法院也會裁定移轉。所以，如果只是討回欠款，但對方住台南，你住台北，欠的錢又不多，光是往返的車資和時間，可能就不只那些錢，又何必徒勞？

　　不過，順便一提，法律對於某些案子會有特別規範，例如船舶、海上事故、飛機、航空事故，這些要看標的物的登記地，如船籍；現役軍人，則要看所屬部隊；而土地界線分割和遺產訴訟，也另有一套適用準則。

　　此外，因經濟事務、公司商業行為，從事各類經濟活動，

如因業務涉訟，就不一定要到公司所在地，而是可以到營業地點所在地訴訟。

先繳訴訟費用，有時會左右官司輸贏

第二，提起訴訟不但要負擔律師費用，還要先繳一筆訴訟費用。非財產權涉訟者，要繳2,000元；因財產權涉訟者，請求金額10萬元以下者，繳1,000元，10萬元以上者，另外遞增。要是不繳，法院會駁回訴訟。這個常識，有時會變成官司輸贏的關鍵。

例如有個省立高中的學生家長，認為他的小孩升學不順利，是因為學校教學不力，因此要求國家賠償2億元，以前訴訟費用1%計算，就是200萬元，但這位家長象徵性地繳50萬元，法院也就不客氣，直接駁回。

如果上訴到第二、三審，每次都還要加收裁判費用，加收的幅度是訴訟費用的二分之一，所以上訴到二審時，就要繳一又二分之一的訴訟費用，三審時也是，一場官司下來，往往要花不少錢。

我曾經辦過一個案子，是關於兩家公司的土地糾紛，一審判決，原告輸了，決定上訴。但贏的一方使出狠招，指一審時的土地價值計算錯誤。出庭的人把附近土地市價的買賣資料和財經報紙的分析報導，拿給庭上看。結果，一算下來不得了，那筆土地價值高達3億元，訴訟費用因此必須增加1.5倍，二審又要加徵裁判費用，總共要補繳數千萬元。由於原告公司無力

繳費，就輕易讓對方贏了官司，已繳的費用也拿不回。

合意停止訴訟，須注意時效

第三，民事訴訟進行中，法院會接受雙方「合意停止訴訟」的聲請。但有人也會利用對方不知道這一點規定，來達到他「勝訴」的目的。

舉例而言，甲方告乙方侵害著作權，被控仿冒的乙方以家人生病、工作不穩，因此無心準備為由，向甲方要求合意停止訴訟，甲方也接受了。半年之後，甲方見乙方情況改善，要求法院開庭，但法院說，合意停止訴訟四個月內未聲請繼續審判，即視為撤回起訴，甲方懊悔不已。

另外，有些案子必須經過調解或調處才能進行訴訟，法院不會直接處理。如三七五減租、耕地租佃等，就要先調解和調處。民事訴訟法第403條也規定11種案子要先經調解，如離婚和夫妻同居訴訟。

以我多年的經驗，訴訟要進入案件的實體審查，有很多細節要注意，而且訟則凶也，能免則免，非不得已時，對於這些程序問題也應多加注意。

法律簡單講

1. 民事訴訟法第1條（普通審判籍—自然人）

2. 民事訴訟法第6條（因業務涉訟之特別審判籍）

3. 民事訴訟法第28條（移送訴訟之原因及程序）

4. 民事訴訟法第77條之13（裁判費）

5. 民事訴訟法第190條（合意停止之期間及次數限制）

6. 民事訴訟法第403條（強制調解之事件）

7. 耕地三七五減租條例第26條（爭議之調解、調處）

52 賽鴿、蘭花身價，
法官也得心裡有數

　　缺乏社會、生活經驗的司法官，有時做出一些判決難讓當事人信服，像我以前擔任法官，有一件偷鴿案，一審法官判偷三隻鴿子的人罰750元，被害者吵著說判太輕，我覺得事有蹊蹺，於是傳被害人。他說，那三隻是賽鴿，一隻賽鴿市價將近15萬到20萬元，三隻大概要50萬元，怎麼只罰750元。當時被告辯稱，他將三隻鴿子賣給一家小吃店，三隻賣了480元。偷鴿者後來刑責加重。

　　其實，一開始我也搞不清楚是賽鴿，但想到失主會氣到上訴，這鴿子肯定很特別。可見，司法官判案必須借助社會經驗及生活經驗，以推論雙方證詞、證據是否屬實，運用邏輯推理做出公平、正確的判決。

　　另一件偷蘭花案，也是如此。小偷偷了幾盆蘭花被判六個月，我覺得判重了，但被害人氣得跳腳說，這樣判太輕了，後來，才知道他被偷走三株「達摩」，市價高達2,400萬元。

　　有一次辦偷整串香蕉案，我問偷竊者，你如何偷走？他心

虛地說，他空手把整串偷走，沒有經驗的檢察官也許會相信他，但倒掛在香蕉樹的樹莖很堅韌，沒有刀是不可能整串切走。我說：「你騙人，」小偷說，檢察官你住過鄉下？沒有用利器不可能把整串香蕉偷走，一根根拔走是另一回事。其實，小偷也有點本事懂些法律，因為刑法規定，用手偷是竊盜，用利器、凶器偷屬於加重竊盜，得判六個月到五年徒刑。

多點生活經驗有助審案

又有一個茶葉產地詐欺案，對方向受害者說，那是杉林溪的茶葉一斤1,000元，像我對茶葉頗有研究，知道約四斤茶青可製造一斤茶葉，當時杉林溪一斤茶青大概要350元以上，四斤也要1,400元，怎可能只賣1,000元，而且對方說是產量少的冬茶，那更不可能只賣1,000元的價格。

1989年，有一回我辦一個涉及偽證的還錢案，債務人找證人證明他已還錢，說是債權人無理取鬧。我當下覺得那兩個人串證，於是把兩人隔離訊問，問來問去問不出破綻，連五年前哪一天在哪裡、坐的位置、穿著衣服、當天吃飯叫的菜，竟然完全吻合，我判斷那兩人是串證。後來，他們提到是拿一捆500元紙鈔共300多萬元去還債權人，我當下就拿出500元鈔票反覆推敲，打電話去台銀問500元何時發行，我記得台銀說1987年開始發行，但我那件案子是1984年的借貸案，最後我將另一個人依偽證罪辦。

所以，究竟如何增進社會、生活經驗？時下流行一句話：

「沒知識也要有常識，沒常識也要看電視。」這句話雖然諷刺，但我認為很有道理，用心去體會周遭的事物，細心觀察社會的許多現象，還要多看電視、報章雜誌吸收新知，像辦金融弊案的司法官，有時候還必須靠財經的報導，從新聞中去查證犯案過程。總而言之，多點生活經驗，檢察官、法官會有許多靈光一現的破案、審案機會。

> ## 法律簡單講
>
> 1. 中華民國刑法第57條（科刑審酌事由）
> 2. 中華民國刑法第168條（偽證罪）
> 3. 中華民國刑法第320條（竊盜罪）
> 4. 中華民國刑法第321條（加重竊盜罪）

53 司法為民，
判案多點人情味

　　我曾辦理一件拆屋還地的案子，起因於兄弟失和，弟弟要求把三合院正廳的神明廳，切成兩半，兄弟為土地糾紛鬧得不可開交，我就跟弟弟講，這樣做會破壞風水地理等。花了很長的時間，弟弟終於軟化，同意不切割，哥哥看到弟弟不拆神明廳，就自己吃點虧，割一塊土地給弟弟，最後兩人皆大歡喜。

　　過了很久，有一次我去搭車，弟弟在路上看到我，大喊：「法官你好！」我嚇一大跳，弟弟跑來跟我說，還好我勸他不要拆房子，不然一輩子對不起祖先。

貼心勸說，化解家庭悲劇

　　有人說，司法是社會公平正義的最後一道防線，意思是司法是人民最後保障，一般老百姓鮮少上法院，也很忌諱上法院，所以經常誤以為法院是嚴肅、冰冷，缺乏人情味。

　　事實上，司法是為了老百姓的需求而存在，如果司法審判

的過程及結果，沒有挹注多一點的人性關懷，人民如何信賴司法，進而尊重司法。

因此，國內司法體系如何彰顯「司法為民」，我認為刻不容緩。一般人對檢察官、法官的刻板印象是高高在上，其實，很多司法官審判過程都很貼心或是勸雙方和解。我們都期待能落實「司法為民」，但這句話不能是口號。

「司法官期待人民的尊重，不是來自自己的肯定，而是民眾的肯定。」幾年前，我辦一個泰國新娘遭家暴的案件，她嫁來台灣後，先生會毆打她，後來她受不了要帶6歲的小孩走，最後兩人為小孩的監護權對簿公堂。

在法庭上，我發現小孩的爸爸伸出愛的雙手，小孩卻躲在媽媽背後，一副驚恐模樣，我勸那位爸爸：「小孩跟媽媽走，一輩子還是跟你姓，她帶小孩也很辛苦，等小孩長大，你有財產，不用擔心他不回來。」在一旁的奶奶說，法官說的有道理。我就對奶奶說，「伊會打你孫子，跟他也不快樂。」後來，那個爸爸同意，還答應每個月給太太12,000元的生活費。

一串佛珠，弭平車禍糾紛

有一次，朋友對我說，你們的司法官很不錯，他的一個好朋友的小孩犯了偽造文書罪，檢察官念在他初犯，罰他義務勞役80小時。我說，那沒什麼啊，但我朋友說，小孩在家都不受教，頂撞父親，檢察官苦口婆心希望他改過，聽父親的話。當時，小孩的父親無奈地在一旁，在獲知罰他兒子服義務勞役，

緩起訴處分時，感動得掉下眼淚。

　　另外，我在當一審法官時，處理一宗交通案件，經常講人生道理給當事人聽。有一次，我看到肇事者手裡戴一串佛珠，我問他是否信佛，他說是，我就說發生車禍是因，他不肯賠，業障會一輩子拖著他，當下他就願意賠償了。

　　有些司法官覺得案子判了就結束了，其實，如果願意多花點時間，多給這些當事人關懷，曉以人生大義，往往對審判會有意想不到的收穫。

> ### 法律簡單講
>
> 1. 民法第1091條（未成年人監護人之設置）
> 2. 民法第1110條（禁治產人監護人之設置）
> 3. 中華民國刑法第210條（偽造、變造私文書罪）
> 4. 刑事訴訟法第253條之1（緩起訴處分）

54 仲裁協議，
解決紛爭不必打官司

　　我曾參加國際仲裁研討會，更深刻體認「仲裁制度」最大的好處是，無須經過法院冗長的訴訟程序，就可解決紛爭。

專業調解，等同法院判決

　　一般人對仲裁可能不是很了解，仲裁就是雙方當事人訂立仲裁協議，約定將來若發生爭議，交給雙方推舉的獨立仲裁人或是數人組成的仲裁庭仲裁，不僅是政府重大工程建設，包括勞資爭議、智慧財產、不動產爭議、國際仲裁，甚至證券金融保險、電子科技糾紛等都可以透過仲裁方式解決。

　　為什麼透過仲裁制度可以減少訟源？像一般重大工程建設糾紛，若採民事訴訟的三級三審制，要經歷地院、高院和最高院等三級法院審理，要短短兩、三年內結案幾乎是不可能的事。

　　所以此類爭議如果用訴訟方式解決，不僅曠日廢時，而且

耗費許多社會成本。但是，仲裁屬於「一審終結制」，除非當事人提出撤銷仲裁判斷之訴，只要仲裁庭作成判斷，形同法院判決效力，具有經濟、迅速、保密、專家判斷等優點。

法務部的法律事務司也積極推動仲裁制度，仲裁有點像調解委員會，但是仲裁比較專業，而且仲裁人須有一定的資格限制，像法官、檢察官、律師、會計師、建築師、土木技師等擁有專門知識技術者才能擔任。

採用調解委員會，你無法自行選任調解委員，而仲裁就可以選擇自己信任的社會賢達、學者專家來處理糾紛。況且民事的調解如果成立，還須經法院核定，才和法院判決有同等效力；不過，仲裁判斷只要達成協議，無須法院核定，就有等同法院判決的效力。

祕密進行，保障商業機密

像台北市政府捷運局和法商馬特拉之間的爭議，也是採仲裁方式。其實，國與國之間，訴訟制度因各國法律、文化、司法制度的不同而有所差異，例如對異國法院的裁判過程不熟悉，加上有語言上的障礙，外商對不清楚、無法掌握的就會沒有信心、惶恐不安，因此，許多外商、外資在各國發生爭端時最喜歡透過仲裁制度解決，而不喜歡打官司。

仲裁有哪些好處呢？重大工程訴訟往往須纏訟好幾年，有時還造成工程停擺、無法如期竣工的問題；仲裁程序進行必須在半年內作成判斷，最遲不能超過九個月，一經判斷又有法律

效力，可以節省很多時間。透過仲裁所繳交的仲裁費普遍比法院的訴訟費用還要低，尤其仲裁標的金額龐大，愈有節省費用的好處。

另外，仲裁事件往往牽涉業務機密，而仲裁程序以祕密方式進行，仲裁判斷的評議不得公開，兩造若同意公開不在此限。也就是提供製造技術、資金運用、經營策略等業務機密的當事人，不用擔心商業機密會外洩。

法律簡單講

1. 仲裁法第1條（仲裁協議）
2. 仲裁法第6條（仲裁人之資格）
3. 仲裁法第9條（仲裁人之約定及選定）
4. 仲裁法第21條（仲裁程序之期限）
5. 仲裁法第37條（仲裁判斷之執行）
6. 仲裁機構組織與調解程序及費用規則第25條

55 有罪變無罪， 時間搞的鬼

　　情侶們約會，有一方失約，說聲對不起，可能就相安無事。參加入學考試，晚到太久不能進考場，雖然痛哭流涕，明年可以再考一次。但是在法律上，一旦看到時間規定，就要提高警覺，因為時效一過，你的權利就會被限制或消滅，後悔也沒有用，更不可能有機會彌補。

借錢給人，十五年內要追討

　　我以前當法官經手很多案例，發現時間很重要，任何人都不能小看或忽略它，因為在法律上，時間真的可以決定一切，相關的法律規定也不勝枚舉，像借錢給別人，超過十五年不追討就無效；餐費或貨品等應付帳款的追討期是兩年；執票人對本票發票人和支票發票人追索權各是三年、一年。

　　看看真實的案例，有個老爸接到法院寄來的支付命令，要他還清某人數千萬元的借款，但仔細一看，發現原來是兒子冒

用了他的名義向別人借錢。這個兒子也不希望老爸擔心，答應
會好好處理，沒想到有事耽擱，等到律師把表示異議的遞狀送
到法院時，已經超出法定二十天的期限，數千萬元的債務非還
不可。

我在雲林當法官時，有個地方知名人士因為偽造文書被判
九個月。他在庭上堅決否認犯行，提出許多事證，試圖推翻被
告的指控，雙方你來我往，辯得相當激烈。問題是，他在法定
十天內沒有上訴，第十二天才提出上訴，因為程序不符，上訴
被駁回，只好心不甘、情不願地去坐牢。

有一個知名大鬍子商人的哥哥，被告掏空、背信罪，判處
未滿三年徒刑，他逃到東南亞，成為通緝犯。多年後回台，檢
警調本來要執行公權力，讓他入獄服刑，但時間上已經超過刑
法的行刑權時限（一到三年徒刑的行刑權是七年，被通緝再加
四分之一的時間，等於八年九個月），結果他不必坐牢。

中部地區有個營造商，只要經過某所學校就忍不住開罵，
讓友人覺得相當奇怪。原來這個營造商曾經幫這間學校蓋教
室，蓋完之後學校當局卻說沒有錢付款，他等了兩年還是收不
到錢，憤而告到法院，但是學校的辯護律師主張，兩年已經超
過追討期（消滅時效是兩年），所以他討不回應收款。

上億遺產，只能繼承200萬？

有個台商父親派兒子到大陸去管工廠，兒子在當地落地生
根，沒有再回台灣。後來父親過世，他回台奔喪，辦理遺產繼

承時，卻發現自已超過四年沒回台灣，依未修正前的「兩岸人民關係條例」，已經變成大陸人，最多只能繼承200萬元的遺產，他的母親和弟弟卻可以分得上億元。

值得一般民眾注意的是，凡是告訴乃論的罪，事發六個月後都不能再提出訴訟，包括夫妻告通姦或車禍案件，以及口水戰中常出現的妨害名譽。

以前有個人被車撞了，肇事者頻頻去探視他，又是買水果又是燉補品，表現得很有誠意，有一天卻突然消失，從此不再出現。受害者氣得去警局告過失傷害，對方也沒有出面。後來，只見肇事者在庭上輕鬆說一句：告訴期間已過。所以檢察官也無可奈何。

依偵辦的經驗，很多人都會用這招，快要變成通例：一開始對你獻殷勤，表現得很有悔意，讓你不設防，等到六個月的時限一過，就再也不理會你。不過，現在很多人似乎都有認知這一點，總是趕在消滅時效前的一個月提出訴訟，先建一道防火牆來保護自己的權益。

法律簡單講

1. 民法第125條（一般消滅時效期間）
2. 民法第127條（二年短期消滅時效期間）
3. 票據法第22條（票據時效及利益償還請求權）
4. 民事訴訟法第508條（聲請支付命令之要件）
5. 民事訴訟法第518條（逾期異議之駁回）
6. 民事訴訟法第521條（支付命令之效力）
7. 刑事訴訟法第237條（告訴乃論之告訴期間）
8. 刑事訴訟法第349條（上訴期間）
9. 中華民國刑法第84條（行刑權之時效期間）
10. 中華民國刑法第85條（行刑權時效之停止）
11. 臺灣地區與大陸地區人民關係條例第67條（遺產繼承之限制）

56 欠債不等於詐欺，
　　詐欺罪名成立難了

　　一般人談到「騙錢」，往往聯想到「詐欺」，像互助會被倒了、標工程的尾款沒付、工頭不付工資、錢借出去沒還等等，就會到法院訴訟，但是告來告去，罪名成立的比率很低，到頭來怪司法不公不正，真是天大的誤會。

　　詐欺罪的構成要件很嚴，一定要有人騙你，而且你受騙，還要交付財物才算數。從法律條文來看，必須有行為人施用詐術，例如言語、不實文件、不正的方法和不當的手段，使得被害人因為這些詐術陷於錯誤，以致誤信為真，而且同意交付財物。如果是明知其中有詐，還要相信它，那就不能以詐欺論。

　　有訴狀是這麼寫的：甲公司傳出即將倒閉的消息，找上同一大樓的乙公司負責人（告訴人）借貸，告訴人擔心有借無還，無奈甲公司老闆（被告）苦苦哀求，告訴人因同情其困境，答應借貸，事後果然欠錢沒還，可見被告存心詐騙。

會頭倒會沒詐騙問題

類似上述的訴狀很多，問題是都很難成案，原因很簡單，即告訴人明知被告的狀況，被告也沒有施用不當的詐術，而告訴人也早料到財物「有去無回」，不過是基於情面出借罷了。

我辦過一個案件，有Ａ公司向Ｂ公司訂貨，後來Ａ公司倒了，積欠400萬元的應付帳款，因此Ｂ公司告Ａ公司詐欺；Ａ公司提出抗辯，指雙方交易超過六年，每月都進貨2,000萬至3,000萬，切的票都是四、五個月，在公司倒閉之前也依正常情況進貨，進貨量都沒改變，只是因為上游廠商轉到大陸，才會周轉不靈。這種情況，也只能判無罪。

又如某互助會倒了，會員告會首詐欺，法官問會員是怎麼被騙的，但個個說不出所以然，會首則說，本來前一個會快結束了，她也不想再招新會，但某天在市場上遇到兩位太太，要求她繼續招新會，後來是因為先生做生意失敗，又被兩個會員倒會，互助會才倒掉。換句話說，會首沒有施用詐術，會員又自己把錢送上門，自然也就沒有詐騙的問題。

避免脫產可提假扣押

用在金融業，銀行有嚴格的徵信和授信程序，除非貸款人提供不實的資料，否則沒還錢也不算詐欺，甚至貸款人以已有設定抵押的土地貸款，銀行因評估其土地價值有上漲空間，願

意貸放，不怕倒債，這也不能夠成立貸款人詐欺。冒貸案多是內外勾結，同理，也不易構成詐欺。

很多人誤解詐欺的內涵，以為欠債不還就等於詐欺，但根本不是，結果也告上法院，等於是告錯了；這些都只能歸類為「假性的財產犯罪」，實務上已採簡便處理，以免浪費司法資源。因此，財物受損的人在提告之前，應了解何謂「詐欺」罪，免得告了不如己意，變成二度傷害，甚至懷疑司法不公。

如果案件已經在法官或檢察官的處理程序中，也勸雙方和解，不妨見好就收。另外，評估審判結果和詐欺不相當時，可儘快提起民事訴訟，採取假扣押、假處分的保全措施，以免對方脫產，動作更快的人，可徵得對方同意，先搬回其他財產、物品抵債。

一般人以為欠債就等於詐欺的觀念必須修正，不然誤認倒債行為有法律可制衡，結果造成自己吃虧。在商言商，建議與人交易之前應了解對方的狀況，比如債信，謹慎評估交易風險才是上策。

> **法律簡單講**
>
> 1. 刑法第339條（普通詐欺罪）
> 2. 民事訴訟法第522條（聲請假扣押之要件）
> 3. 民事訴訟法第532條（聲請假處分之要件）

57 不求精神賠償，
法官乾著急

　　某人被誹謗，要求加害人精神賠償100萬元。被告在庭上和原告吵了起來。被告怒說，又不是財產損害，怎麼要求如此高的金額。但原告也氣著說，因為受到誹謗，害得別人都對他指指點點，因此要求100萬元。結果，我判了80萬元。

　　有個媽媽被卡車撞死，大兒子出面代替家中的七兄弟姊妹要求司機賠償，每人100萬元，總共700萬元的精神撫慰金，其他如醫藥、喪葬和扶養費等項目，都沒有請求。那司機在庭上聽到這金額，都快抓狂了，說這家兄弟姊妹如果是望族出身，還說得過去，但又不是，所以根本在敲他竹槓。

　　但大兒子舉證他們失去母親是如何痛苦，例如大妹到急診室看到媽媽死去，當場暈倒，人也被送急診；二妹有兩張醫院的診斷證明，顯示她因為悲傷過度而得到憂鬱症；在學校當老師的么妹，還未出嫁，跟媽媽同住，從學生的週記內容，可知么妹聽到母親去世的消息，在講台上休克。我分別判給這七兄弟姊妹每人45萬到60萬元，總計460萬元的賠償金。

　　另一例，甲、乙兩人是商場上的競爭對手，甲破壞乙的信用，對外放消息說乙的公司周轉不靈，還傳真給乙的廠商知道。乙設法蒐集到甲的電話錄音和傳真文件資料後，依民法要求精神賠償500萬元。甲在庭上抗辯，指信用是空的，看不到，跟具體的損害不同，憑什麼要給乙這麼多錢。後來我勸他們和解，甲方登報道歉，並且請客，請了兩、三桌來善後。

無形損害也可求償

　　社會上，依民法要求精神賠償的例子很多，法律上的用語是精神撫慰金，白話一點，可以說是精神安慰金。一般人的索賠觀念僅止於有形的具體損害，往往忽略了非財產上的無形損害也可求償，以彌補精神、感情方面的創傷和痛苦。雖然很難量化，但若能證明痛苦指數很高，索賠也不少。

　　法官辦案，遇上不懂得請求精神撫慰金的人，只能乾著急。舉例說，某太太的先生因工廠意外死亡，留下三個小孩，加上她和肚中的遺腹子，共有五人，竟只要求38萬元的喪葬費用。法官的闡明權有限，也愛莫能助。

　　也曾有個太太發現先生有婚外情，心痛得割腕自殺，但沒成功，母親擔心得搬來跟她一起住。後來，她根據民法向先生要求精神賠償25萬元。那時我開庭，問她根據什麼情形要求這個數字，她居然立刻說可以減少10萬元，原來她在開庭之前請教了一個略知法律的朋友，那朋友教她不要要求那麼多錢，免得給法官壞印象，其實錯了，後來我全數照判給她。

　　理論上，精神撫慰金可以從零到無限大。有人把名譽視為第二生命，被妨害名譽時索賠1億元。但也有人只是象徵性地要求1元。到底要判多少，法院會斟酌，例如參考被害人的身分、地位、職業、資產、年齡、生活狀況、家庭情形和受傷程度。有人罵三字經，被判30萬元的精神賠償，換算一個字代價10萬元。

　　民法規定，身體、健康、名譽、自由、信用、隱私、貞操或人格法益受損，都可以要求精神撫慰金。著作權法也有同樣規定。有時候，要求加害人賠償，又算這個又算那個，即使拿到醫藥費的憑證，也只有幾百元支出，倒不如乾脆一次請求精神撫慰金還比較快。這看起來很難的事，比你想像中簡單。

法律簡單講

1. 民法第18條（人格權之保護）
2. 民法第192條（侵害生命權之損害賠償）
3. 民法第193條（侵害身體或健康之財產上損害賠償）
4. 民法第194條（侵害生命權之非財產上損害賠償）
5. 民法第195條（侵害身體健康等之非財產上損害賠償）
6. 著作權法第85條（侵害著作人格權之民事責任）

58 犯罪被害人可向國家求償

　　2006年12月初，台南梅嶺大車禍發生後，高雄地檢署檢察長和「犯罪被害人保護協會」代表去探視，發放每戶慰問金5,000元，並成立「鼎金國小保護專案」，針對被害人和家屬的需求做專案照顧，包括將來申請補償金。

　　那陣子看到許多死亡重傷的案例，包括歹徒當街槍殺人、丈夫殺妻以及無照駕駛案件，最令人痛心的就是梅嶺大車禍，造成20餘人死亡。這些事件，也引起了大家對被害人權益保護的關注。

救急不救窮

　　根據犯罪被害人保護法，因別人犯罪造成被害人死亡或受重傷，即可向國家求償，死亡者最高可求償170萬元，重傷者最高140萬元。雖有這個法律存在，但很多被害人不知道利用、申請。

　　這個法律強調的是救急不救窮，因此，甚至針對有需要的個案，可以發出緊急性補償金，最高約40萬元，讓被害人可以暫時應急。同時，國家為了讓申請人盡快拿到錢，亦規定從申請到發放的流程不得超過三個月。

　　從1998年到2006年10月止，申請犯罪被害補償金的件數將近6,500件，其中決定補償的有2,279件，人數有3,202人，因此，八年來，國家已陸續發放新台幣9億6,000多萬元的補償金。其中有二個令人印象深刻的案例，可稍微說明：

　　多年前，台中廣三SOGO百貨公司前，一名孕婦被流彈所傷的社會事件震驚全國。事件的兇手不明，但造成孕婦重傷，而小孩一出生即死亡。孕婦的先生依法申請到重傷補償金、殯葬費和被害人（小孩）的法定扶養費，共計98萬餘元。

長期心靈輔導

　　台灣921大地震，地動山移，許多房屋應聲倒塌，造成眾多傷亡，有不少受災戶的房子是因為建商偷工減料才輕易毀壞，造成傷亡，因此也依法申請補償金。以雲林地區為例，犯保協會就發放了1,500多萬元給當地受災戶。

　　從實務運作來看，國家不只給予被害人金錢救濟，還有其他援助，如訴訟上的協助、精神上安慰、追蹤輔導和心靈輔導。為了辦理上開業務，法務部成立「犯罪被害人保護協會」，在各地的檢察署成立分會，各分會聘請民間知名人士擔任要職，以運用社會資源來辦好工作。

特別要提到的是，不少被害人都是中壯年人，在家庭遭逢鉅變後，尤其是單親家庭，會產生很多管教子女的問題，所以也漸開辦各類親子教育課程，讓這些被害人知道如何和小孩互動。

由於有人心靈創傷很深，走不出陰霾，因而犯保協會也辦理溫馨專案，邀請精神科醫師、心理醫生做長期心理輔導，期間約三到六個月，一般反應良好。

申請手續免費

提醒犯罪被害人若有需要，不妨到犯保分會尋求協助。從1999年到2006年10月止，犯保服務件數已達2萬5,000多件，總人次達12萬7,000多人次。不必客氣，因為申請補償金的手續簡便，也不收任何費用，可親洽或電詢各地檢察署服務台、犯保協會。

這些案件審核的單位是地檢署，由檢察官負責初審，從專業上衡量法律要件，會依事實、狀況來審核，排除因被害人故意而造成的傷害，或已領到社會保險給付者。

近來看到眾多不幸的事故，也不免要提醒大家應謹慎開車、不必因細故殺人，共同營造一個無害空間。

法律簡單講

1. 犯罪被害人保護法第4條第1項（犯罪被害補償金）
2. 犯罪被害人保護法第9條第1項（補償之項目及其最高金額）
3. 犯罪被害人保護法第14條第1項（犯罪被害人補償審議委員會之設置及職掌）
4. 犯罪被害人保護法第17條（審議委員會作成決定之期限）
5. 犯罪被害人保護法第21條（暫時補償金）
6. 犯罪被害人保護法第22條（暫時補償金之額度及返還）
7. 犯罪被害人保護法第30條（犯罪被害人保護機構之業務）

59 審判二合一，
便民不傷財

　　市面上很多商品都標榜「幾合一」功能，例如二合一洗髮精、三合一咖啡、或四合一麥片等等，商店也流行複合式經營。但很多人還不知道，法律也有「二合一」審判制度，那就是刑事附帶民事訴訟。

　　「二合一」審判，對法官來說可能有點累人，但對民眾卻很方便。像有人犯罪，被檢察官提起公訴，全案在法院審理中，被害人這時可提出附帶民事訴訟，讓法官一併審理、判決。

可審酌從輕發落

　　有一車禍案件的被告「很皮」，一直不願賠償，拖了又拖。被告不答應被害人和解，法官只能用勸的；所幸，有朋友提醒被害人提出附帶民事訴訟。這時，法官「師出有名」了：一者，有人提告；二者，民事若願意和解，刑事可審酌刑度，

從輕發落。法官讓被告了解法律上的利害關係後，順利讓兩造達成民事和解，也判被告緩刑。事後，這名被害人到處向親友讚揚附帶民事訴訟的好處。

有個老闆侵害他人商標，被提起公訴，由於情節不輕，他自知不妙，苦苦哀求法官，說自己員工多、利潤少，而且家裡食指浩繁，才不得不出此下策，想請求原諒，可是私下又偷偷繼續仿冒。於是被害人憤而具狀提附帶民事訴訟，要求高額賠償。被告了解可能難逃牢獄之災，只好接受民事和解，法官最後也判緩刑。

刑事附帶民事訴訟

某人積欠貸款，怕債主追償，與友人串通脫產，把土地和房屋都過戶到友人名下，檢察官深入追查，向這兩人提起偽造文書罪的公訴；被害人略懂法律，知道塗銷所有權登記的手續繁雜，很花時間，就直接提起附帶民事訴訟，因此法官很快就結案了。

法官在審理這種「二合一」案件，原則上准用刑事訴訟法規定，如事證明確、心證形成，民、刑事將一起判決，但若案情複雜，就移送民事法庭。司法實務上，不少熱心的法官體諒被害人的苦衷，在刑事案件中會提醒他們「有很多法律途徑可用」，被害人若心神領會，就知道要提出附帶民事訴訟，讓案件滿圓解決。

以非法吸金的詐欺案為例，法官同情無辜的投資人，認為

被告應展現誠意，由被害人提起附帶民事訴訟，讓被告找來妻子，請管錢的妻子到人頭戶中提錢，退還每人四成五的本金。有賠總比沒有好，被害人都很感謝法官。

附帶提起民事訴訟，可請求的範圍很廣，包括金錢賠償和請求回復原狀，而且對象不限於刑事訴訟本身的被告，也包括依法須負賠償責任者，像營造廠的工人施工時，操作的器械不小心砸傷到路人，可一併告廠方和工人；又如買受贓物，第三人連同小偷和贓物的買主都可列為被告。

打官司免繳訴訟費

附帶民事訴訟的優點是：避免刑事和民事訴訟程序重覆，節省時間和力氣；此外，適用刑事訴訟法，不必繳一毛錢就可以打官司，就算移到民事庭，也不用另繳訴訟費；刑事和民事一起處理，減刑以及和解機會大；若民事達成和解，法官可能另訂庭期，令被告當庭交付現金或台支支票，快速又有效。

法律簡單講

1. 刑事訴訟法第487條（附帶民事訴訟）
2. 刑事訴訟法第490條（附帶民事訴訟準用刑事訴訟之規定）
3. 刑事訴訟法第504條（裁定-移送民事庭）

---

60 打贏官司卻拿不到錢？

　　有個聽過我演講的民眾寫信給我，信中抱怨他拚命打官司，卻要不到錢，希望我指點迷津。封信內容充滿怨恨，怒罵法律沒用，說他早知道就不打官司，要把打贏官司拿到的判決書貼在牆上當壁紙。我看了他的信，也感到同情。

　　類似的情況，曾有一家營造廠去標工程，因調度無方，工程一再拖延，若依罰鍰計算，須按每日工程款的千分之二計算，要賠5,000多萬元，所以把土地、廠房和器械都拿去質押。後來，業主想追索，發現這個情況，也無奈。

　　過去，有個低收入戶甲，發生車禍受傷，臥病數月，請求民事賠償，官司贏了，法官判賠220萬元。但等到查封肇事者的財產時，才知對方那個年輕小開，早把車子和小套房給賣掉了。甲求償無門，弱勢更加弱勢。

　　現在很多人知道，若有糾紛須訴訟解決，但往往忽略在贏了訴訟之後，能否達到原來目的。看來，法律保全程序的規範——假扣押、假處分，好像在「納涼」。

善用假扣押，把對方財產扣下來

「假扣押」是有關金錢請求的事項，簡單說，就是先把對方的財產扣下來，使他不能變賣。法律上的「假」字就是「暫時」的意思。假扣押的原因，可分成二類：一，金錢的直接請求，例如要回貨款、票款、工程款、互助會款等等。第二，可以轉成金錢請求，如買賣房屋，本來是要求所有權移轉登記，既然違約，就改成要求退還價金。

程序很簡單，只要到法院聲請，法院會依情況審酌，一般會要求聲請人繳三分之一的保證金（擔保金），准予假扣押。你可根據這個裁定，要求法院強制執行，把對方的財產扣下來。像前述案例車禍的被害人甲，就可以聲請把肇事者的小套房、車子假扣押，防止其搞鬼。

至於假處分，則是請求法院禁止對方做出一定的行為，亦分成兩類：一是防止現狀的改變，如界址有糾紛，禁止對方興建房屋；或有建商發現地主想另以高價賣給第三人，可以聲請他不可出賣。

善用假處分，禁止對方改變現狀

另一是，阻止法律關係的複雜化，例如企業內鬨，公司派和市場派鬧意見，市場派去聲請禁止公司派董事行使職權；又如，董事會有意與別家公司交叉持股，股東去聲請禁止董事會做出這項決議。聲請假處分和假扣押的程序相同，也必須繳交

擔保金。

　　另外，法院也有假執行制度，即在民事訴訟請求時，可聲請法院在判決前先執行對方的財產（賣掉它）。舉例而言，科技公司控告對方侵害專利權，告了180萬元，經法院准許假執行，就讓對方公司賣了一塊地取償。當然，法院可就個案狀況，主動依職權准予假執行；並繳交約三分之一的擔保金，其目的在保障債務人。

善用假執行，先執行對方的財產

　　特別提醒大家，如果假執行可以連結假扣押，一氣呵成，更萬無一失。

　　但如果你把假扣押、假執行給忘了，事後發現對方已脫產，別急，還有亡羊補牢的方法，就是去撤銷那些脫產的行為。脫產的型態很多樣，通常可分為有償（買賣、交易）和無償行為（贈送），債權人可向法院聲請撤銷，但須注意時間，要在知道有撤銷原因的一年內行使這項權利。

法律簡單講

1. 民事訴訟法第522條（聲請假扣押之要件）
2. 民事訴訟法第523條（假扣押之限制）
3. 民事訴訟法第526條（假扣押原因之釋明或擔保）
4. 民事訴訟法第529條（撤銷假扣押原因-未能依期起訴）
5. 民事訴訟法第532條（假處分之要件）
6. 民事訴訟法第533條（假處分準用假扣押之規定）
7. 民事訴訟法第535條（假處分之方法）
8. 民事訴訟法第389條（依職權宣告假執行之判決）
9. 民事訴訟法第390條（依聲請宣告假執行之判決）
10、民事訴訟法第392條（附條件之假執行或免為假執行之宣告）
11. 民事訴訟法第393條（假執行之聲請時期及裁判）
12. 強制執行法第4條（執行名義之種類及時效關係）
13. 強制執行法第132條（假扣押、假處分之執行時期）
14. 強制執行法第132之1（假扣押、假處分、假執行之撤銷）

61 查債務人財產，
不必找狗仔

　　1960、70年代，有個土財主被倒會，他去打官司，贏了，但高興沒幾天，心情卻愈來愈差，逢人便抱怨：「不必打官司啦，法律都是騙人的！」甚至勸子女填志願時不必填法律系。原來，土財主因為不知道賴帳一方的財產在哪裡，才驚覺贏了官司又如何？

　　有個阿公把一張打贏的官司判決書貼在公媽廳（神明廳），當作祖訓，告誡子孫不要隨意訴訟，讓到家中作客的人印象深刻。原來，阿公當年經商，被合夥人吞錢，官司勝了，但對方把財產藏起來，讓他無法追索。

　　有人腦筋較靈光，會委託徵信社去查對方的財產，不失為一個好方法。不過，有人可能是私下拜訪相關公務員代為查閱財產資料，但忽略了可能讓公務員掉入法律風險，會被判洩密罪，委託公務員去查的人也會成為共犯。有人委託黑道或討債集團去逼迫對方交代財產下落，甚至以暴力討債，結果討債人和債主被以妨害自由和共犯的罪名一起告上法院。

　　然而，束手無策也不是，用上面的方法也不對，究竟要怎麼辦呢？其實，你可以光明正大地去查閱財產。

向稅捐單位查閱財產

　　稅捐稽徵法允許持有強制證明文件的人，去調閱財產資料（土地、房屋、車輛、投資等），也可以索取綜合所得稅資料（薪資、利息、租金、股利等）和營利事業所得稅資料。只是，法律保護人權，查閱的內容只限於對方本人，並不包括對方的父母、配偶和子女。所以，如果對方是小開，稅捐處並不會提供他那有錢爸媽的所得資料。

　　至於申請查閱的手續，很簡便，債權人本人親自或填個委託書委託別人向稅捐單位（國稅局、稅捐稽徵處）申請就可以。超過100件者，還可以直接向財稅資料中心查閱，一般來說，每查一個人的一項資料，收費500元。

　　另外，依公司法相關規定，只要是利害關係人，就可以聲請閱覽、抄錄公司資料，範圍很廣，包括契約關係、票據債務、相關機關的文件、法院的判決書等。

　　這個做法最主要是認識公司的股東、董監事名單，了解其投資金額、持有的股份，進而可了解對其能夠強制多少財產。這部分是向經濟部的商業司和中部辦公室，以及北、高兩市的建設局、加工出口區和竹科、南科的管理處申請。

　　現在的人投資理財管道很多，除了房地產，也有很多是投資上市上櫃公司股票，或者債券、基金，所以，查閱時不要忽

略這些財產。

以公司來說，更要注意投資的複雜度，例如交叉持股、轉投資和海外投資的詳細情況，甚至有無利用免稅天堂來隱匿財產。另外，也可以考慮應收款項，如公司貨款、工程款，如果查得到，也可以扣下來。曾有一個個案，有人對一個飼料商的飼料款，扣到1,000萬元以上。所以，查閱功夫愈到家，求償的機會就愈大。

我國的民事法院，只負責審理案件，在判決確定之後，才幫忙執行；至於對方有無財產，或者他的財產去向為何，並非法院的職責，但可以循上述方法，取得資訊。

法律簡單講

1. 強制執行法第19條（執行法院調查債務人財產之權力）
2. 強制執行法第22條（執行法院拘提管收債務人之規定）
3. 徵信業電腦處理個人資料保護法（徵信業服務範圍）
4. 中華民國刑法第318條（公務員洩密罪）
5. 中華民國刑法第318條之1（洩漏之處罰）
6. 中華民國刑法第28條（共同正犯）
7. 中華民國刑法第29條（教唆犯）
8. 中華民國刑法第304條（強制罪）
9. 中華民國刑法第302條（剝奪他人行動自由罪）
10. 稅捐稽徵法第33條（稅捐稽徵人員保守秘密義務）
11. 公司法第210條（債權人及利害關係人之查閱抄錄權）
12. 公司法第230條（債權人之抄錄權）
13. 公司法第393條（申請查閱或抄錄公司登記文件）

第五部

司法政風

62 鄉公所職缺，
沒後台也有份

2006年春節，我回嘉義大林，一位親戚跟我講：「大哥呀，你們法務部做了一件好事！」我當時摸不著頭緒，問他：「是什麼事？」他說：「你不知道現在很多鄉鎮公所的聘僱員工職缺很多，隔壁鄉鎮聽說空出十幾個職缺。以前這些聘僱員工的職缺，哪裡輪得到一般老百姓，好康的都是地方機關首長的親戚優先。」聽後好開心，法務部近年來宣導的公職人員利益迴避總算有些成果。

利益迴避，杜絕違法

行政院長蘇貞昌積極推動行政院政務官強制財產信託，期待建立清廉政府，這項政策心理的約束大過於法律的約束，許多機關也開始仿效蔚為風氣。

事實上，除了政務官強制財產信託外，公職人員財產申報法、公職人員利益迴避法都是以建立清廉政府為最大目標，這

些法律都是法務部政風司主管的業務，今天就來談「利益迴避」。

以前，鄉鎮公所的機關首長，只要有臨時聘僱或一年一聘的職缺，幾乎都是「內舉不避親」，而晉用自己人經常會出現違法的弊端。雖然現在可能僱用的是一些樁腳，但至少不是他們的家人，外人不見得完全聽他們的，可以杜絕一些違法的事情。況且涉及利益迴避，處罰在100萬元到500萬元之間，現在行政法院很多案例，大家都被罰怕了。我聽說有些鄉長跟親戚說：「罰一次就要100萬元，等於做三年白工，回去啦！」

以前，中央部會一個政務次長，他弟弟開了一家消防器材公司，結果他弟弟去標消防局的標案，還順利得標。法務部請政風司去查，根據政府採購法，處罰他5,000萬元。一般人會想政務次長和消防局有何關係，原來消防局是該政次監督單位。值得注意的是，除了主管的單位要利益迴避，監督單位也都算進去。

一年一聘職缺大有問題

另外，南投有一個國中校長，他的小孩參加該校教職員推甄，校長擔任評審主席沒有利益迴避，結果內定他小孩入選，引來其他參加推甄人的不滿，那件案子法務部罰他150萬元。那個校長認為，有公開甄選儀式，雖然他擔任主席，但還有多位委員，應該很公平。事實上，即使他請教務主任當評審主席，還是涉嫌利益迴避法，因為校長具有人事裁決權。

　　類似校長任用自己人被處罰的案例最多。基隆有個校長用兒媳婦當學校工友，也被罰100萬元。除非經國家考試分發任用，排除在利益迴避範圍內；利益迴避就是要限制這些走後門的。

　　再深入探討，一年一聘的職缺，除非是學校單位，不然一般機關怎會有這樣的業務不需正式員工，卻要每年一聘，如此很容易被政風單位質疑有弊端。我打個比方，法務部總務司如果要蓋一個房子，須短期聘僱建築相關人才，等到建築物完成，這個職缺仍然每年一聘，顯然這中間一定有問題。很多地方機關都不曉得避嫌，階段任務完成，職缺仍然一年一聘，政風單位一查裡頭往往很多弊端。

法律簡單講

1. 公職人員利益衝突迴避法第7條（不當利益之禁止——假藉職權）
2. 公職人員利益衝突迴避法第9條（不當利益之禁止——交易行為）
3. 公職人員利益衝突迴避法第14條（罰則）
4. 公職人員利益衝突迴避法第15條（罰則）

63 公務員圖利，
難逃檢調法眼

　　認真負責的公務員很多，但也有部分公務員不遵守法度，例如：用較輕的條款來開罰單、沒有依法審核財團開發案，或者存心幫忙減免某人的稅捐，他們會自以為手法高明，神不知鬼不覺。但檢調也不是省油的燈，從下列觀察指標或檢視的標準進行「破解」，很快可以查出公務員的圖利事實：

四指標破解

　　一、必要性：以工程為例，你指定材質、規格、顏色、形式、外觀或限定廠商的資格，有無必要？檢調會深入了解，你是否圖利特定人。觀察重點在於這些做法對於提升工程品質、增強效能或強化耐用有無正面效果，或該工程有無特殊需求。

　　舉例來說，某公務員把五件無關的工程合併在一起，綁成10億元的大工程，且限定廠商必須有執行6億元以上的工程經驗等等，條件過濾後，全國只有三家符合資格，其中兩家的負

責人，都是他的好朋友，那明顯是在幫忙朋友。

又如，南部的某公共展覽館，負責該館興建工程的公務員，規定只能用某種（跟一般規格不同的）磁磚，其實全國只有一家廠商在賣。營造廠本來沒注意到，施工時才發現，原來那些磁磚跟別人用的完全不一樣。

二、合理性：例如一條水溝分成20段來做，做出來的結果，左右兩邊較高，中間較低，就像一個大V字形，都可以養魚了。像這種奇怪的事，探其究竟，才發現工程款1,000萬元，但某公務員卻把它分段標出去，以規避100萬元以上必須公開招標的規定。

檢方曾起訴某工程案有關核發執照的事，雖然執照遲早都要發，但如果連工程結構都未完成，就提早核發，顯然不合理。

三、一致性：對任何公務處理，理當一視同仁。有公務員審照和核發照，被發現在「放水」，仍不承認；就他以前核照的速度，一般也要二十天，「放水」的那次只要三天，明顯處理態度不一致。

九二一大地震後，也發生過鄉公所核發補助款，有時候發5萬元，有時10萬元，也有20萬元，因此引人懷疑是相關人員給熟人較多補助款，不熟的人就少發一點。事後證明，負責窗口果然沒有依規章行事，而是依個人熟稔程度來辦事。

四、公平性：以前，中部有個鄉（鎮）長遭人檢舉圖利營造廠，但當事人否認。辦案人員把他任內所有工程資料整理出來，發現高達96%以上工程都固定發包給三家廠商，集中度非

常高，似乎別家廠商都標不到。進一步了解發現，原來其中一家是他親戚的公司，一家是小學同學在經營，另一家則是椿腳。最後這個鄉（鎮）長被判十多年，現在還在打官司。

　　有些查廢水的環保公務員，裁罰標準也有高有低，辦案人員透過「公平性」這面放大鏡，終能查出這些公務員偏袒事實。其實連法官也一樣，都得注意公平性，否則也有圖利之嫌。

查文書漏洞

　　從公務員圖利實際情況來看，文書作業都做得很漂亮，掩飾得法，因此自認不會被查出，但依檢調多年辦案經驗，往往可以切入要害，解開謎題，讓主事的公務員措手不及，也始料未及。

> ### 法律簡單講
> 1.政府採購法第14條（分批辦理採購之限制）
> 2.政府採購法第26條（招標文件之訂定）
> 3.政府採購法第88條（罰則）
> 4.貪污治罪條例第6條（罰則）

64 政府防腐，
揪出危險因子

　　現今民眾對於政風、公務員的清廉度要求愈來愈高，反腐敗變成政府的重要工作，這也是陽光法案、財產申報規定等政策出現的原因。從我多年的辦案經驗，歸納出幾個導向腐敗的危險因子，這些因子至今猶存：

稱兄道弟，模糊分際

　　一、酬庸。有個市公所的主任祕書職位有陣子都是由上層的親信輪流做，特色就是每個人的任期都不久，這在以前俗稱是「洗澡」，現稱「洗官」。進一步分析這類案情的背景，一般都會發現利益糾葛或派系酬庸的問題。這種事情，表面看來合法，但其實非常不當。

　　二、熟識。公務員和特定人士可能因公務往來而熟識，於是界限變得模糊，就會逐步妥協，雙方也漸有「革命情感」，不該發生的事情就開始發生。一般常見，監工人員和營造廠員

工熟識之後，對工程的品質要求漸低，也不會嚴加防範營造廠偷工減料，偶爾還會相約小酌一番，甚至稱兄道弟。另外，有公務員是分轄區的，也常發生這類政風案件，像是在查報違建時通融或有不實；有大型賭場被查出員警風紀問題，新聞曾大幅報導。

三、依賴。公務員為了順利完成任務，可能必須依賴特定人士，就像電影情節一樣，辦案人員有時需要線民以順利查毒和槍；有時為取得情資，也要靠地方角頭、治安顧慮人士等提供訊息，來據以研判涉案人士和犯罪情節。不過，如果這些關係運用不當，就會產生「不知道到底是誰在運用誰」的問題出來，也會因為觀念的偏差，而產生黑、白兩道共生共利的狀況。

四、勾結。像代理業者有優秀分子，也有害群之馬，不肖的公務人員與之勾結或串通，成為政風單位的鎖定目標。

為了獎金，便宜行事

五、辦案獎金。在公務系統裡，為鼓勵同仁勇於任事、提高做事效能，因此對於績優人員通常會給予相關獎金，包括辦理刑案、查緝毒品和行政執行的人員等。如果這些同仁心態偏差，為了獎金而不重視程序正義，做出不守作業規範或便宜行事、自作主張的行為，便會損害到當事人的權益。就曾有公務員為了獲得查緝槍枝的獎金，犯了不該有的錯誤，而被起訴。

六、不法暴利。2005年以來，台灣砂石短缺，中國大陸又

停止進口砂石，造成砂石價格高昂，奇貨可居，根據以往案例，這個現象往往可以製造公務員官商勾結的機會。另外，進口藥品有相當的利潤，所以很多藥商便設法引進新藥，可能也包括公家醫院。

有汽、機車零件商，以廢鐵名義出口，實際上則挾帶完好的車體零件出去賣掉，這些東西賺來的都是暴利，海關人員可能也分一杯羹。其他像八大行業、色情電玩也都有相同狀況。

從上述這些面向切入，撲滅腐敗的火花，適時、適度防止弊端，相信政府體質將大有改善。提升政風，就從「反腐敗」開始。

法律簡單講

1. 地方制度法第56條（縣市政府首長等人員之人數、職掌及任免）
2. 地方行政機關組織準則第19條（鄉鎮市公所首長等人員之人數及任免）
3. 防制毒品危害獎懲辦法第10條（檢舉獎金）

65 經濟犯罪挑戰檢調功力

近來工商界正在「流行」弊案，感覺上這種案子的問題很多，原因是它的犯罪型態複雜、涉案層級高、金額龐大、手法又特別，使得各界也開始高度關注金融、經濟犯罪的議題。

加強專業，看破嫌犯手腳

檢調單位對這些白領犯罪的案件，由於牽涉專業，本身又未實際參與工商業務，辦起案來費心又棘手。有檢調同仁開玩笑，應該多花一點錢買書來看，才能突破被告設下的障礙、看破嫌犯的手法。不過，挑戰性高，相對也帶來高成就感。

經濟、金融弊案的特性，可以歸納出幾個重點：集體性犯罪、智慧型犯罪、犯案人士沒有罪惡感、層層包裝、不易為人察覺等。

舉例來說，非法老鼠會、非法吸金業者、地下通匯公司，都是利用上、下游，集合多數人的才華、專業和關係，達成犯

罪目的，不法所得動輒數億元。非法吸金的主謀，還可能會說是「被害人甘願投資，有投資就有風險；我的利潤也算是賺辛苦錢」等等似是而非的話。

傳統犯罪，當事人和外界都有強烈不認同感；但白領犯罪，嫌疑人卻能振振有詞，很能合理化他的行為。例如，有公司向銀行虛貸、詐貸數千萬元，東窗事發時居然說，對方是公家銀行，應該有嚴格的審核流程，貸放是銀行的決定；變成錯在銀行。

白領犯罪，易自我合理化

不法期貨公司用過的手法是，租下高級商業大樓辦公室，公司形象良好，但金玉其外、敗絮其內，幫投資人下單全是「假交易、真詐財」。像前陣子很盛行的海外結構債，有心者也會利用這類商業交易謀取不法利益。

某出版社偽造客戶訂閱的分期付款承諾書，虛列應收帳款，然後「自己匯錢給自己」，取得小額匯款單的憑證，非常「用心」，目的是向銀行詐貸數億元。這種智慧型犯罪即運用腦力、資訊，透過詳細的構思、策畫，去謀取不法利益。

過去，一家上市電腦公司，在公告調高財測之前，先行買進公司的股票1,000萬元，調高財測沒多久，就賺進3,600萬元。曾有精密電子業利用「拉尾盤」、相對交易，賺進高額價差。

分析近年經濟犯罪人士的特性，依性別，男多女少，男性

占了78%。女性多參與期貨交易、侵占、非法吸金等非主犯而是幫助犯的案件。以年齡看，40歲到50歲，以及30歲到40歲，比率最高，各占33%和29%，看得出經濟犯罪者多累積相當經驗而開始做壞事。教育程度方面也以大專以上程度占33%最高。

檢察機關對「經濟犯罪」有明確定義，凡足以嚴重擾亂金融秩序、證券市場、公司營運，以及其他破壞經濟秩序和活動的犯罪，都屬於「經濟犯罪」。為偵辦重大經濟犯罪，法務部依法條和犯罪金額，密密麻麻條列出「重大」的標準，供辦案參考。

俗話說，天下沒有白吃的午餐，投資人和公司股東均要注意公司實際營運狀況，了解經營面和財務面資訊，注意經營的「實績」，可別買了股票就「納涼」不管了。

法律簡單講

檢察機關辦理重大經濟犯罪案件注意事項第2點第1款（重大經濟犯罪之範圍）

66 沒收紅包，
也會出問題

　　北高縣市反賄選之際，就算辦流水席喝米粉湯也不行；我們所說的買票、賣票，和收受賄賂的概念很像，吃喝玩樂就算是不正利益。從多年司法實務來看，發現也有很多人對這類法律規範並不清楚，而誤蹈法網。

收取不正利益算收賄

　　一般人以為，收紅包才算收賄，其實賄賂的工具，還包括具有經濟價值的財物，如鑽戒、字畫、沙發、紅木家具、伴唱機、西裝、領帶、水果、液晶電視、小木屋等等；凡能滿足一個人精神、肉體、職場上的欲望都算不正利益。依辦案經驗，收受不正利益的，也以警察和工程人員最多。

　　有個工程單位，工程地點在北部，營造廠在中部，廠方想巴結北部的工程人員，特別招待他們到中部遊樂，從公務單位、行政單位、現場監工、工地主任、副主管和主管，以及人

事、政風、會計等，幾乎通通有「獎」，沒想到東窗事發。

事情怎麼爆發的？原來，受招待的每個人和公司的「緊密度」不同，因此受招待的「規格」也不同，有的被請吃飯，有的唱卡啦OK，有的晉級上酒店，甚至也有性招待，還分成好幾批，後來有人發現，向廠方抗議，鬧上檯面。這些人的共同點是都沒收賄，只是接受招待去吃喝玩樂，但也是不行的。

某地目變更案，由中部縣市政府共同會勘，現場帶頭的專員要求前往會勘的各單位人員配合，當晚廠商就招待大家去餐廳用餐，用餐當中又分發紅包，依貢獻度各分3到5萬元不等的款項。其中，有個人員不願收，專員就緊張了，很怕事情泡湯，但那人員說：「大哥，你放心，我還是會讓它過關。」結果，這位沒有收紅包的人，一審被判處十二年徒刑，只是因為吃了一餐。

免費吃喝玩樂，小心惹禍上身

仔細一算，那餐飯只花2,400元左右，連司機共六個人去吃，每個人也才吃400元。因此，這個事件，當時在中部引起很大的震撼。

有個學校的總務主任，負責招標視訊器材，工程也發包出去了，結果有人檢舉，指他受廠商招待去看脫衣舞，害得他拚命跟校方解釋，說他沒有收錢，只是吃飯剛好碰到廠商，又一時好奇跟著去看脫衣舞秀。事情雖沒鬧上法院，也弄得一身腥。

又有一家建設公司員工在銀行遇到審照的人員，知道他正需要購屋貸款，就跟他說不用跟銀行借，建設公司可以無息貸款給他200萬元，只要以後多幫忙即可。那審照人員只是圖個方便，錢也陸續還了60多萬元，但仍有人檢舉因為他「感恩圖報」，伺機給予建設公司很多便利。

一個警員缺錢用，跟電玩業者借了20萬元，有次業者拜託他幫忙，希望若有風吹草動，警員可以事先通知一下，至於錢，就不必還了。後來由通聯紀錄查出，警員真的有「密告」過一次。

請公務員吃飯害到人

此外，有首長對承辦人員說，開發案是某好友做的，希望幫忙，如果願意，下個月提拔他當科長，所幸承辦人員認為不符規範，不願配合，所以案子也沒成立。

大家或許以為，一定要很嚴肅的、正經的賄賂才算數，但嚴格來說，絕不是如此。

有句話說：「勿以善小而不為，勿以惡小而為之。」形容得很貼切，但很多人不知獲取不正當利益的嚴重性。如果工商界人士要請公務員吃飯，小心可能會害死他呢！

法律簡單講

1. 公職人員選舉罷免法第90條之1（罰則）
2. 貪污治罪條例第4條（罰則）

67 加強偵查，
防制犯罪暴發戶

　　某些案件的被告，人已被判有罪、去坐牢或宣告破產、公司倒閉，但仍然生活富裕，住豪宅、開名車，有恃無恐的模樣，讓外界看了很不以為然，也深感在法律和司法實務上，應對這些情況有效制裁，以免不斷有人成為犯罪暴發戶。

查扣不法所得，防堵再犯

　　2006年夏天，檢警查到黑心豬肉案，居然是2005年同一夥人所為；深入了解後，發現這些人利用以前賺到的黑心錢，再度鋌而走險，再次危害大眾的健康。這也讓我們思考到，如果當初能查扣到犯罪者的不法所得，便能防堵他們東山再起。

　　曾有一職員掏空自家票券公司上百億公款，目前仍在服刑中。換算他每一天坐牢的價值高達數百萬元。這名受刑人一再聲請假釋，但堅不吐實，不願交代贓款藏在何處，因此審查委員認為他欠缺誠意，不予核准。試想，如果這個人可以早早假

釋，外界必譁然。

南部一個六合彩組頭，賺進30億至40億元，被判刑一年半。他曾在老家蓋了四層樓的豪宅，不甚滿意，全部拆掉，多花費幾千萬元也不心疼。這個組頭利用人頭藏匿款項，出獄後，出入仍有名車代步、出手也依然大方。

最近這幾年，檢方辦理台北一件手法有如五鬼搬運的掏空案件，不法金額高達100多億元。檢察官很認真地追查資金去處，發現他藏得很高明，因此主張交保金額必須是掏空金額的三分之一；最後，案件被告以高達1億2,000萬元交保。

掏空手法高明，重金交保

之所以有上述現象，也許是法律不夠完備，或者偵查中沒有查扣不法所得，已有很多檢察官、法官注意到這個問題，實務上也會採取相關作為。

舉例來說，某公司員工侵占公款250萬元，公司立即假扣押他的財產並提告。法庭上，被告員工苦苦哀求公司原諒，公司答應了，但有附帶條件，除了要他繳回侵占款項，還要另捐30萬元給弱勢團體，用意是讓他「血本無歸」。法官也判其緩刑。效果不錯。

我辦過的某二審竊盜案件，被告認為一審判太重，但又提不出具體理由，我在卷中發現一張存款單，證明他有400萬元存款，因此我提出要求，說減刑可以，但要把錢還給被害人。結果，兩造當庭和解，400萬元也依比例賠償給各家受害公

司。

根據現有法律，對犯罪不法所得案件，可以採取一些措施，除了雙方和解，可提起刑事附帶民事訴訟，或單獨提起民事訴訟，請求賠償。較特別的方式是依證券投資人及期貨交易人保護法，經由投資人保護中心，進行集體訴訟。

另外，可以用刑事上的手段處理，例如某件司法黃牛案，即有被害人向檢察官聲請發還屬於被害人的財產；當不法所得利益顯然過高時，依刑法可加重處罰，提高罰金；證券交易法也有相似規定，當不法所得超過1億元，可併科罰金2,500萬元到5億元，利益過高者，還可以再加重處罰。

增加犯罪成本，打消犯意

其他可用的方式，包括：沒收犯罪所得、追繳所得財物、追繳不法所得的價額（如變賣電腦所得的2萬元）、扣押其財產來抵償。

經濟學上有所謂成本收益、投資報酬率觀念，處理犯罪事件若有效運用這個概念，加強偵查作為，讓犯罪所得無法存續，增加壞人的犯罪成本，有心人想變犯罪暴發戶，也就沒那麼簡單了。

> **法律簡單講**

1. 監獄行刑法第81條（假釋之條件與程序）
2. 民事訴訟法第522條第1項（聲請假扣押之要件）
3. 證券投資人及期貨交易人保護法第28條（起訴或提付仲裁）
4. 中華民國刑法第58條（罰金之審酌）
5. 銀行法第125條（罰則）

第六部

監所新風貌

68 失傳的傳統技藝，
監獄找得到

　　我做法務部長有一個宏願，就是希望受刑人可以將台灣失傳的傳統技藝，在監所裡生根。為此，法務部還特地請薪傳獎得主的師傅到監所教這些受刑人，再過三、五十年後，這些逐漸失傳的傳統技術，可能要到監獄去找才能找得到。

矯正教化，邀專家授課

　　我的辦公室有一尊正氣參天的關公像，就是嘉義出產的交趾陶，我很喜歡這些藝術品，所以就規劃每個監所各有特色，像台中監獄的漆器、嘉義監獄的交趾陶、東部監獄的原住民獨木舟和泰雅族的陰陽甕。

　　過去，法務部「矯正司」稱作「監所司」，任務就是將受刑人隔離監禁起來，免於社會大眾恐懼。後來改成矯正司，目的是在對這些受刑人進行矯正、教誨，因為這些受刑人有一天會離開監獄回歸社會，為了避免他們再次犯罪，教化及作業的

工作，就成為獄政改革的新方向。

　　監獄最重要的就是「戒護第一」，嚴禁受刑人越獄；其次，就是教化和作業。我上任後，就積極推動「一監所一特色」。所謂一監所一特色，就是全國48所監獄，每個監獄都結合地方特色，發展地方的傳統技藝。譬如，台中女子監獄的巧克力、彰化監獄的鹿港燈籠、高雄監獄的美濃紙傘、屏東監獄生產醬油等。原本受刑人沒有一技之長，我們特地請擁有傳統技藝的老師，來監所訓練他們。

培養技能，更生有希望

　　這些受刑人做出來的作品，拿出去販售，販售所得做為被害人補償、加菜金、改善醫療設施，還有一部分回饋給受刑人當作收入。除了教授受刑人這些傳統技藝之外，法務部也依受刑人的興趣，開設一些寫作、繪畫、書法等課程，這是屬於教化的部分。像澎湖監獄和桃園監獄，就請過資深媒體人歐銀釧、呂則之等到監獄教導寫作；桃園寫作班還集結出版《想念陽光的人》，並將出版書的版稅，捐給九二一受災戶的兒童，協助他們就學。桃園和澎湖監獄的寫作班，還曾經獲得國際媒體的報導，亞洲週刊就曾經越洋採訪，讚許台灣監獄的多元化。

　　我記得有一次原住民委員會主委到東部的監獄參觀，他看到這些受刑人做出精美的原住民手工業產品相當感動，因為有些作品連原住民都失傳了，竟然在監所可以看到；就像木雕現

在大部分都是大陸進口，很少師傅願意親自雕刻了，所以在監所培養這些特殊技能，說不定哪天監獄也可以培育出雕刻大師。

其實，監獄的作業可以分成三類：一類是保存台灣傳統工藝；一類是當作技能訓練；一類是教受刑人寫書法、繪畫。這些受刑人出獄後，利用在監所所學的技術創業，賺了很多錢，又回到監所親自教導這些受刑人，比較普遍的是糕餅業、美容美髮業，這種例子不勝枚舉。

> **法律簡單講**
>
> 1. 法務部組織法第12條（矯正司職掌）
> 2. 監獄行刑法第27條（作業之指定）
> 3. 監獄行刑法第32條（勞作金之給予）
> 4. 監所作業勞作金給付辦法
> 5. 監所受刑人被告作業獎勵金發給辦法

69 濃濃年味，
鐵窗內也有春天

　　每年舊曆年到元宵期間，監所都會設計一連串的活動，讓無法返鄉過年的受刑人也可感受年節的氣氛。

　　法務部為了讓受刑人體會年節的氣氛，監所在這段期間都會加菜、播放電影、送水果年糕、開放懇親、邀請雜耍團表演。舉辦這些活動是希望他們能消除對社會的敵意，畢竟總有一天他們會離開監所，回歸社會懷抱。

遠距視訊，千里共團圓

　　像近年來實施的「遠距視訊」對受刑人和家人的接觸更為容易方便，已經有數千人次使用。譬如家屬在台東，可以事先向台東監獄預約，透過視訊探視在福建金門監獄服刑的兒子，家屬可以省去舟車勞頓，直接利用監所內部的視訊探監，受刑人也可舒緩思鄉思親之苦。

　　另外，各監所在年節期間，和中華電信合作，開放電話懇

親；有些是免費服務，直接透過監所舍房電話，向家人報平安。

除了讓受刑人報平安之外，法務部在過年期間還舉辦多元化的關懷活動，如邀請表演樂團、合唱團、雜耍團來演奏、變魔術。全國48所監所諸如此類的活動都會一直辦到元宵節。

這段期間，我和次長、主祕、更生保護會董事長、高檢署檢察長都會輪流去關懷受刑人，另一方面也要慰勞年節加班的監所同事。

挑動懷鄉情

配合懇親會，也邀情外界企業來監所參觀作業成果，同時開放家屬探監，我聽說有受刑人向媽媽說：「這個磚雕是我做的！」媽媽很開心他學到一些技術，增加受刑人對社會的認同感，出獄之後才不會對社會失望疏離。

有一個企業家很喜歡出國旅遊，老是喜歡買一些紀念品，他來參觀監所後，感嘆地說，原來台灣很多民俗技藝都保存在監所；並開玩笑地表示，以後要常來逛監所，說不定還能撈到寶。他還向監所下訂單做為企業贈送的禮品。這些作為無非都是希望受刑人重新建立信心。

事實上，老外的年節習俗，法務部也儘量照顧到，像許多泰國受刑人，法務部會聯絡他們的駐華代表處，根據他們的習俗安排和這些泰國受刑人一起慶祝。外國人篤信基督教、天主教的比較多，法務部也邀請一些教會人員去報佳音、唱聖歌。

　　我常和同仁強調，與其向他們訓話，倒不如說一些他們想聽的話。此話怎講？若是和這些受刑人耳提面命說，你們來這裡服刑，就是要對自己的行為負責，他們聽不進去這些話。如果是祝福他們的家人在外面平安幸福，或是祝他們早日離開監獄回歸家人的懷抱，這種話他們最愛聽。

　　因此，春節期間的關懷活動，我都要求監所同仁要主打「懷鄉、懷親」，不管是唱台語歌「雙人枕頭」、「針線情」也好，或是「媽媽你在何方」、「流浪到淡水」，都希望他們合唱，那種感染的氣氛更強烈，為了早日見到家人，服刑期間都會願意配合。

法律簡單講

1. 監獄行刑法第62條（接見及通信之限制）
2. 監獄行刑法第63條（接見之次數及時間）
3. 監獄行刑法第64條（接見之禁止）
4. 監獄行刑法第65條（接見之監視及停止）
5. 更生保護法第4條（更生保護會之性質目的及指揮監督）
6. 法務部所屬矯正機關預約接見實施要點
7. 法務部所屬矯正機關遠距接見要點
8. 法務部所屬矯正機關辦理電話接見要點

70 到老監獄喝杯咖啡吧！

從新聞報導得知，台北賓館列入國家古蹟有譜了。這是佳事一樁，全民也樂觀其成。台北賓館若成為古蹟，在辦國宴之外的時間，開放全民共享，讓大家去體驗歷史的軌跡，想像國際宴客的社交盛況，不是很好嗎？

嘉義舊監晉身古蹟

這讓我想起自己的一個夢想。我讀嘉義高中時，每天搭客運回家，路上都會經過嘉義監獄，那是一座典雅的木造建築，優美的畫面深深烙印在我的腦海裡。這座監獄是1919年日據時期由日本人興建的。

嘉義舊監目前並沒有使用，它的所有犯人都移到新址了。從空中俯瞰，整個監獄聚落呈現出放射狀，這種扇型建築是西方早期提倡現代化監獄的理想型態，曾名列文建會的「歷史建築百景」，2005年經內政部公告成為國家古蹟。

它不但是目前台灣唯一留下由日本人蓋的監獄，也是所有老監獄中保存最好的。監獄的建材全來自嘉義阿里山檜木，內部有一條木造的空中巡邏道，是其他監獄所沒有的構造，很多老一輩的人（包括日本人）都覺得它非常可貴。

古蹟是人類的精神價值所在，要加以重視，不能任其倒塌。眼看嘉義舊監部分結構已經受潮或遭受蟲害，法務部目前也在申請經費以進行維修，打算把嘉義監獄改為一座史蹟館，而且找到監獄退休員工做口述歷史，為人類文化資產盡一份心。

第一座獄史博物館

法務部於2006年初接收了國防部在台北縣新店的軍人監獄，並將內容物放到史蹟館去，預定2007年大整修這座舊監，在2007年底開放。它將是台灣第一座獄史博物館，交由民間經營，設個咖啡吧，來參觀的民眾就可以坐下來喝咖啡了。

二十多年前，民眾還沒有古蹟的概念，有一對兄弟繼承日式古厝，這個老房子的地點靠近市區，弟弟覺得可以賣個好價錢，但是哥哥認為那是先人的遺產，有意保存下來，結果弟弟就故意敲掉房子的一角。我勸他們和解，後來弟弟決定把自己的份賣給哥哥，自己拿了錢另外去蓋新房子。

另外，早期在報紙上也看過，有民眾因為事先知道政府想將他們的四合院古厝列為古蹟，就先下手為強，僱用工人去鏟平房子，讓人看了不勝唏噓。其實，政府若有意保存、維護私

人古厝，有時候是件美事，可以讓自己的姓氏、家族發揚光大，因此民眾不必排斥。

　　古蹟是公共財，有人去破壞的話，可能被判有罪，依2005年剛修正完成的文化資產保存法，最高可處五年有期徒刑，或科以新台幣20萬到100萬元罰金。所幸現在多數民眾對古蹟的維護都有概念，古蹟被破壞的機率很小，所以也很少人被罰。

> ### 法律簡單講
>
> 1. 文化資產保存法第3條（文化資產之定義及範圍）
> 2. 文化資產保存法第29條（發現具古蹟價值建造物之處理）
> 3. 文化資產獎勵補助辦法第3條（獎勵方式）
> 4. 文化資產獎勵補助辦法第4條（補助方式及條件）
> 5. 文化資產保存法第94條（罰則）

法律做後盾：從法律書學不到的制勝法則

2007年5月初版　　　　　　　　　　　　　　　定價：新臺幣280元
2013年4月初版第十刷
有著作權‧翻印必究
Printed in Taiwan.

著　　者	施	茂	林
發 行 人	林	載	爵

出　版　者	聯經出版事業股份有限公司	叢書主編	張	奕	芬
地　　　址	台北市基隆路一段180號4樓	特約編輯	王	淑	芬
台北聯經書房	台北市新生南路三段94號	封面設計	兆 登 華		生
電　話	(02)23620308	內文排版	李	秀	菊
台中分公司	台中市北區健行路321號1樓				
暨門市電話	(04)22371234 ext.5				
郵政劃撥帳戶	第0100559-3號				
郵 撥 電 話	(02)23620308				
印　刷　者	世和印製企業有限公司				
總　經　銷	聯合發行股份有限公司				
發　行　所	新北市新店區寶橋路235巷6弄6號2F				
電　話	(02)29178022				

行政院新聞局出版事業登記證局版臺業字第0130號

國家圖書館出版品預行編目資料

法律做後盾：從法律書學不到的制勝法則/
施茂林著 . 初版 . 臺北市：聯經 .
2007年（民96）；272面；14.8×21公分 .
ISBN　978-957-08-3151-1（平裝）
［2013年4月初版第十刷］

1.法律-中華民國

582.18　　　　　　　　　　96008103